역사는 지나치게 자세히 설명하면 지루하고 딱딱할 수

풀어가다 보면 역사의 본질을 놓칠 수 있지요. 그런데 이 책은 재미와 역사의 본질, 두

마리 토끼를 다 잡은 것 같아요.

— 김현애 서울영림초등학교 교사

단순한 역사적 사실 암기가 아닌 원리와 근본을 이해할 수 있습니다.

— 박성현 상일초등학교 교사

《용선생의 시끌벅적 한국사》를 사회 교과서와 함께 갖고 다니라고 얘기하고

싶습니다. 가장 빠르고 꼼꼼하게 역사 공부를 시작할 수 있는 입문서라고 생각합니다.

— 이종호 순천도사초등학교 교사

아이들이 힘들어하는 역사가 암기 과목이라는 생각에서 벗어나 '왜?'라는

질문만으로도 충분히 멋진 수업이 가능하다는 점을 보여 주고 있습니다.

초등학생뿐 아니라 중학생들에게도 좋은 책입니다.

— 정의진 여수여자중학교 교사

이 책은 시간, 공간, 인간을 모두 다루면서도 전혀 어렵거나 지루하지 않습니다.

내가 주인공들과 함께 역사 여행을 하는 것 같습니다. 이 책을 읽은 6학년 여학생은

"작년에 교과서에서 배웠던 것이 이제야 이해가 돼요"라고 하더군요.

— 황승길 안성초등학교 교사

✔ 읽기 전에 알아두기

❶ 이 책은 2016년 《용선생의 시끌벅적 한국사(전면 개정판)》을 증보·개정하여 출간하였습니다.

❷ 보물, 국보, 사적은 문화재보호법 시행령[대통령령 제32111호]에 의거하여 지정번호를 삭제하여 표기하였음을 알려드립니다.

❸ **저자 현장 강의 전면 개정판**에서는 책 속의 QR코드를 통해 영상을 보실 수 있습니다. QR코드를 스캔하여 회원 가입 및 로그인 진행 후 도서 구매 시 제공된 쿠폰의 시리얼 넘버를 등록해 주세요.

▶ 영상 재생 방법

▲ 용선생 현장 강의
영상 재생 방법

- 회원 가입 후에는 로그인을 위해 다시 한번 QR코드를 스캔해 주세요.
- 시리얼 넘버는 최초 한 번만 등록하면 됩니다. 등록된 시리얼 넘버는 변경하거나 양도할 수 없습니다.
- 로그인이 되어 있으면 바로 영상이 재생됩니다.
- '참고 영상'은 링크 영상으로 시리얼 넘버 인증 없이 바로 시청 가능합니다.
- '용선생 현장 강의' 영상은 **용선생 클래스**(yongclass.com) 홈페이지를 통해 PC로도 시청하실 수 있습니다.
- **저자 현장 강의 전면 개정판**을 구매하지 않은 독자님은 용선생 클래스 홈페이지에서 결제 후 '용선생 현장 강의' 전체 영상을 보실 수 있습니다.

용선생의 시끌벅적
한국사

글 금현진

서울대학교 국어교육과를 졸업하고 월간 《우리교육》에서 기자로 일하였고, 엄마가 된 후 어린이책 작가가 되었습니다. 이 책을 쓰기 시작하면서 어떻게 하면 역사를 어려워하는 우리 아이들에게 역사를 올바르고 재미있게 알려 줄 수 있을까 계속 고민했습니다. 이를 위해 여러 책과 논문들을 읽고, 우리 역사를 생생하게 담아내기 위해 역사의 현장을 직접 돌아보기도 했습니다. 역사 공부에 첫발을 내딛는 어린이도 혼자 읽고 이해할 수 있는 책을 만드는 데 공을 들였습니다.

글 정윤희

연세대학교 대학원에서 한국사(조선 시대사)를 전공하고, 주간지 《한국대학신문》에서 기자로 일했습니다. 자라나는 아이들에게 역사를 쉽고 재미있게 알려 주는 데 관심이 많습니다.

그림 이우일

홍익대학교에서 시각디자인을 공부한 만화가입니다. '노빈손' 시리즈의 모든 일러스트레이션을 그렸으며 지은 책으로는 《우일우화》, 《옥수수빵파랑》, 《좋은 여행》, 《고양이 카프카의 고백》 등이 있습니다. 그림책 작가인 아내 선현경, 딸 은서, 고양이 카프카, 비비와 함께 그림을 그리고 글을 쓰며 살고 있습니다.

정보글 나종현

서울대학교 국사학과를 졸업하고 같은 학교 대학원에서 석사·박사 학위를 받았습니다. 주요 논문으로 〈17세기 반계 유형원의 실리 개념과 고례 추구〉, 〈율곡학파 성리설의 전개와 호론 사상의 형성〉이 있습니다.

지도 박소영

홍익대학교 시각디자인과를 졸업한 후 어린이 교육용 소프트웨어 개발 일을 하며 틈틈이 민화를 그리던 것이 일러스트레이션 일을 시작하는 계기가 되었습니다. 쉽고 재밌는 그림으로 이야기를 풀어 나가려 노력하고 있습니다.

지도 조고은

애니메이션과 만화를 전공했으며 틈틈이 그림과 만화를 그리는, 계속해서 공부하고 배우는 중인 창작인입니다.

기획 세계로

1991년부터 역사 전공자들이 모여 함께 고민하고 연구하며 한국사와 세계사를 가르치고 있습니다. 역사를 주제로 한 책을 읽어 배경지식을 쌓고 이에 대해 자신의 생각을 이야기하는 '독서 토론 프로그램', 우리나라와 세계 여러 나라의 역사, 문화 현장을 답사하며 공부하는 '투어 캠프 프로그램'을 운영하고 있습니다. 지은 책으로는 《이선비, 한옥을 짓다》 등 역사 동화 '이선비' 시리즈가 있습니다.

검토 및 추천 전국초등사회교과모임

전국 초등학교 선생님들이 모여 활동하는 교과 연구 모임입니다. 역사, 사회, 경제 수업을 연구하고, 학습 자료를 개발하며, 아이들과 박물관 체험 활동을 해 왔습니다. 현재는 초등 교과 과정 및 교과서를 검토하고, 이를 재구성하는 작업을 통해 행복한 수업을 만드는 대안 교과서를 개발하는 데 힘쓰고 있습니다.

자문 및 감수 신병주

서울대학교 국사학과를 졸업하고 같은 학교 대학원에서 석사·박사 학위를 받았습니다. 서울대학교 규장각한국학연구원의 학예연구사를 거쳐 현재 건국대학교 사학과 교수로 재직 중입니다. 지은 책으로는 《조선 평전 : 60가지 진풍경으로 그리는 조선》, 《조선을 움직인 사건들》 등이 있습니다.

문화유산 자문 오영인

서울대학교 대학원 고고미술사학과에서 도자사학 전공으로 석사·박사 학위를 받았습니다. 서울대학교에서 강의를 진행하고, 국가유산청 문화유산 감정위원으로 근무했습니다. 현재 사회평론 역사연구소 연구원으로 역사책을 만들고 있습니다.

6
새 나라 조선이 세워지다

글 금현진 정윤희

그림 이우일

캐릭터 세계로

검토 및 감수 전국초등사회교과모임

자문 및 감수 신병주

사회평론

여러분! 시끌벅적한 용선생의 한국사 교실에 오신 것을 환영합니다.

먼저 기억에 관한 어느 실험 이야기를 소개할까 해요. 기억 상실증에 걸린 환자들과 평범한 사람들이 똑같은 질문을 받았대요. "당신은 지금 바닷가에 서 있습니다. 앞에 펼쳐져 있는 모습을 상상해 보세요. 자, 뭐가 보이나요?" 질문을 받은 평범한 사람들은 하얗게 부서지는 파도며 노을 지는 해변, 물장구치는 아이들, 또는 다정한 연인의 모습을 떠올리고는 그로부터 여러 가지 상상을 풀어 놓았답니다. 그런데 기억을 잃은 사람들의 대답은 아주 간단했어요. 그들이 떠올릴 수 있는 것이라곤 그저 '파랗다'는 말뿐이었대요. 물론 기억 상실증에 걸린 사람들도 바다가 어떤 곳인지 모르지 않습니다. 파도나 노을, 물장구 같은 말들에 대해서도 알고 있고요. 그런데도 그들은 바닷가의 모습을 그려 내지는 못한 거지요. 이쯤 되면 기억이란 것이 과거보다는 현재나 미래를 위한 것이 아닌가 싶은 생각도 듭니다. 그래서 과학자들은 이 실험 이후 기억에 대해 새로운 해석을 내리게 되었대요. 기억은 단순히 과거의 일들을 기록해 두는 대뇌 활동이 아니라, 매순간 변하는 현재와 다가올 미래를 대비하기 위한 '경험의 질료'라고요.

재미난 이야기지요? 우리가 역사를 공부하는 이유에 대해서도 새삼 생각하게 하는 이야깁니다. 한 사람의 기억들이 쌓여 인생을 이룬다면, 한 사회의 기억들이 모여 역사가 됩니다. 무엇을 기억할지, 또 어떻게 기억할지에 따라 우리의 현재와 미래는 달라지겠지요. 그래서 이런 말도 있답니다. '역사에서 배우지 못하는 이들에게는 미래가 없다!'

책의 첫머리부터 너무 무거웠나요? 사실 이렇게 거창한 말을 옮기고는 있지만, 이 책의 저자들은 어디 역사가 뭔지 가르쳐 보겠노라 작정하고 책을 쓴 것이 아니랍니다. 오히려 그 반대였지요. 이 책을 쓰는 동안 우리는 처음 역사를 공부하던 십대 시절로 돌아갔어요. 시작은 이랬습니다. 페이지마다 수많은 인물과 사건들이 와장창 쏟아져 나오는 역사책에 대고 '그건 무슨 뜻이죠?', '대체 무슨 일이 있었던 건데요?' 하고 묻게 되는 거예요. 그것으로 끝이 아니었어요. 겨우 흐름을 잡았다 싶으면 이번엔 '정말이에요?', '왜 그랬을까요?', '그게 왜 중요한데요?' 하며 한층 대책 없는 물음들이 꼬리를 잇더군요. 그럴 때마다 우리를 도와준 것은 바로 이 책의 독자인 여러분이랍니다. 여러분도 분명 비슷한 어려움을 겪으며 무수한 물음표들을 떠올릴 거라고 생각하니, 어느 한 대목도 허투루 넘길 수가 없었어요.

　하여, 해가 바뀌기를 여섯 번! 짧지 않은 기간 동안 이 책의 저자와 편집자, 감수자들은 한마음으로 땀을 흘렸답니다. 우리는 무엇보다 과거에 일어난 일들을 최대한 있는 그대로 파악하려는 노력과 다양한 관점에 따라 풍부하게 해석해 내려는 노력을 동시에 기울이고자 했어요. 널리 알려진 역사적 지식이라도 사실과 다른 점은 없는지 다시 검토했고요. 또 역사책을 처음 읽는 학생들이라도 지루하지 않게 한국사 전체를 훑을 수 있도록 하기 위해 흥미진진한 구성, 그리고 쉽고 상세한 설명에 많은 공을 들였답니다. 한국사를 공부하는 일은 오늘 우리 자신의 모습을 뿌리 깊이 이해하는 일이자, 앞으로 써 갈 역사를 준비하는 과정이기도 해요. 그 주인공인 여러분을 초대합니다. 유쾌하고도 진지하고, 허술한 듯 빈틈이 없는 용선생의 한국사 교실로 들어오세요!

금현진

차례

1교시

개혁 속에서 태어난 나라, 조선

2교시

새 수도 한양은 어떻게 생겼을까?

3교시

조선 왕조의 기초를 다지다

4교시

세종 시대의 빛나는 유산들

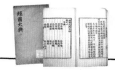

'용쓴다 용써'
용선생

허술하지만 열정만은 가득한 선생님. 하늘을 향해 거침없이 솟아나 있는 용머리와 지저분한 수염이 인간미(?)를 더해 준다. 교장 선생님의 갖은 핍박에도 불구하고, 생생한 역사 수업을 위해 물불을 가리지 않는다.

'장하다 장해'
장하다

'튼튼하게만 자라 다오.'라는 아버지의 소원대로 튼튼하게만 자랐다. 공부는 꽝이지만, 성격은 짱이어서 시험을 못 봐도 씩씩하고, 애들이 공부 못한다고 놀려도 씩씩하다.

'오늘도 나선다'
나선애

똑소리 나는 우등생. 공부도 잘하고 아는 게 많아서 잘 나선다. 차갑고 얄미워 보이지만, 사실 누구보다 따뜻한 마음을 가지고 있다. 티는 안 나지만.

'그래, 결심했어!'
이성계

변방 출신으로 고려 제일의 장수가 된 인물. 어느 날 요동을 정벌하기 위해 군대를 이끌고 가다가, 별안간 군대를 돌려 개성으로 돌아가 버렸다! 이유가 뭘까?

'성리학 사랑 나라 사랑'
정도전

이성계의 오른팔이자 브레인. 조선의 수도 한양을 성리학의 원리에 따라 설계하고, 성리학 책도 쓰는 등 성리학 사랑이 지극하다. 그런 그가 나중엔 '간신'으로 찍히게 되는데……

'불타는 공부 열정'
세종

아버지 태종이 잘 닦아 놓은 토대 위에서 신하들과 함께 조선을 발전시킨 왕. 세종이 꾸린 '드림팀'이 어떻게 조선을 발전시켰는지 4교시에서 확인해 보자!

'잘난 척 대장'
왕수재

이 세상에서 자기가 제일
잘난 줄 안다. 그래서
친구가 없는데도 담담하다.
'천재는 외로운 법이고,
질투의 대상인 법'이라나.
근데 사실 깐족거리는 데
천재적이다.

'엉뚱 낭만'
허영심

엉뚱 발랄한 매력을 가진
역사반의 분위기 메이커.
뛰어난 공감 능력으로
웃기도 울기도 잘한다.
반짝반짝 빛나는
역사 유물을 좋아한다.

'깍두기 소년'
곽두기

애교가 넘치는 역사반 막내.
나이도 가장 어리고, 타고난
동안이라서 언뜻 보기엔
유치원생 같다. 하지만 훈장
할아버지 덕분에 어려운
한자를 줄줄 꿰고 있는 한자
신동이기도 하다.

'피도 눈물도 없는'
세조

어린 조카를 내쫓고
왕위에 오른 야심만만한
인물. 아버지 세종과 형
문종이 학자에 가깝다면
세조는 거침없는
행동주의자에 가깝다.

'사연 있는 폭군!'
연산군

놀기 좋아하고 난폭한 성격의
소유자. 제일 싫어하는 건
바른말 하는 선비들로, 기회만
생기면 선비들을 죽이고 귀양
보낸다. 연산군이 이런 '나쁜
짓'을 하는 이유는 뭘까?

'선비 중의 선비'
조광조

꼿꼿하고 대쪽 같은 성격으로
유명한 인물이자, 성리학
이론으로 중무장한 학자
타입 정치가. 사림파의 대표
주자로 '급'부상해 왕의 전폭적
지지 아래 개혁을 추진하기
시작하는데……

개혁 속에서 태어난 나라, 조선

공민왕이 이루려던 개혁도 물거품이 되어 버린 뒤,
고려에선 권문세족들과 신진 사대부들이 서로 세력을 겨루었지.
신진 사대부들은 왜부의 침략을 막아 내며 백성들에게
한줄기 희망이 되어 준 신흥 무인들과 손을 잡았어.
이들이 힘을 합치자 역사의 수레바퀴는 거세게 요동치기 시작했단다.
기울어 가는 고려의 운명은 어떻게 될까?

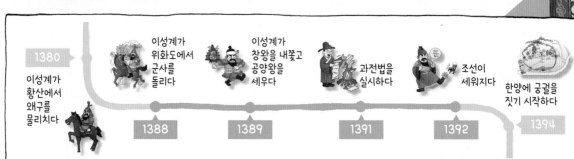

1380 이성계가 황산에서 왜구를 물리치다

이성계가 위화도에서 군사를 돌리다 1388

이성계가 창왕을 내쫓고 공양왕을 세우다 1389

과전법을 실시하다 1391

조선이 세워지다 1392

한양에 궁궐을 짓기 시작하다 1394

태조 이성계 어진

✔️ 알고 있는 용어에 체크해 보자!

☐ 이성계   ☐ 위화도 회군   ☐ 과전법
☐ 정몽주   ☐ 조선

온 복도를 뒤흔드는 우당탕탕 소리에 용선생은 성큼성큼 걸음을 재촉했다.

'아이구, 곧 교장 선생님이 복도를 돌아다니실 시간인데……'

용선생이 교실 문을 활짝 열어젖히는 순간, 장하다의 우렁찬 목소리가 울려 퍼졌다.

"고려를 괴롭히는 녀석들은 나 이성계 장군이 모두 혼내 주겠다! 으하하하!"

책상 위에 올라선 장하다가 미술 시간에 쓰던 붓을 거꾸로 들고 휘두르고 있었다. 막 붓 싸움에서 진 곽두기는 주눅이 든 표정으로 쌔근거리며 숨을 몰아쉬고 있었다.

"앗, 선생님 오셨어요? 저희끼리 역사 공부 중이었어요. 헤헤."

"어이쿠, 하다야! 무슨 역사 공부를 책상 위에 올라가서 해? 어서 내려와!"

용선생이 부랴부랴 장하다를 잡아당겼다. 장하다는 끌려 내려오면서도 의기양양하게 "고려는 내가 지킨다!" 하고 소리쳤다.

"고려 두 번 지켰다간 학교가 무너지겠다. 쳇."

왕수재가 귀에 꽂고 있던 이어폰을 빼며 투덜거렸다. 비로소 교실이 잠잠해지자, 용선생이 장하다를 불렀다.

"하다야, 이성계가 끝까지 고려를 지킬 것 같니?"

"네? 그게 무슨 소리세요? 저번 시간에 박물관 갔을 때 분명히 이성계 장군이랑 최영 장군이 왜구랑 홍건적을 무찌르고 고려를 지켰다고 했잖아요?"

"그랬지. 하지만 이성계가 끝까지 고려를 지켰는지에 대해선 아직 이야기 안 했어. 이제부터 그 이야길 할 거지."

어리벙벙해진 장하다가 스르륵 의자에 주저앉았다.

이성계, 위화도에서 군사를 돌리다

"고려 말, 권문세족들에 맞서던 신진 사대부들은 신흥 무인들과 손을 잡았다고 했지? 이때 신흥 무인을 대표하던 사람이 이성계였어. 그리고 그와 손을 잡은 신진 사대부가 누구인고 하니, 바로 정도전이라는 사람이었지. 이색의 제자였던 정도전은 뛰어난 성리학자였을 뿐 아니라 배포도 아주 큰 사람이었지. 권력을 쥔 사람들에게 굽힐 줄을 몰랐던 그는 권문세족들의 미움을 받아서 귀양살이를 했어. 그대로 가다간 영영 벼슬자리는 구경도 못할 처지였어. 하지만 정도전은 기가 죽기는커녕 오히려 더 큰 뜻을 품었어. 백성들의 삶을 가까이에서 지켜보니 썩을 대로 썩은 고려는 더 이상 희망이 없다는 생각이 더욱 커졌거든.

'고려는 이제 끝났다. 새 세상을 열어야 한다! 허나 내게는 힘이 없구나. 누구의 힘을 빌릴 수 있을까?'

이런 생각을 하던 정도전의 눈에 들어오는 사람이 있었어. 바로 이성계였지. 정도전은 이성계를 찾아갔어. 그리고 자신의 생각이

정도전과 도담 삼봉 정도전은 향리 집안에서 태어났어. 1370년 성균박사로 등용되었는데, 친원 정책을 반대하다 유배되었어. 정도전의 호 '삼봉'은 어머니의 고향인 충청북도 단양의 '도담 삼봉'에서 유래했다는 이야기가 전해져.

《삼봉집》 정도전은 궁궐과 종묘 등 위치를 정하고, 건물의 이름을 짓는 등 조선 왕조의 기틀을 마련했어. 이 책에는 조선의 건국과 통치 이념이 담겨져 있어.

맞는지 알아보기로 했지.

'장군! 지금 고려에서 장군을 당할 사람
은 없습니다. 장군께서 큰 뜻을 품으신다면 못
해 낼 일이 어디 있겠습니까?'

정도전의 생각은 딱 들어맞았어. 이성계는 그 말뜻을 알아차리고
대답했지.

'백성들을 위해서라면 제가 못할 일이 없지요!'

두 사람은 이렇게 고려를 무너뜨리고 새 나라를 세우자는 데 뜻
을 모았어."

"네? 새 나라를 세워요? 헤에……."

장하다가 놀랍다는 듯 입을 헤벌렸다.

"그런데 마침 이 무렵 고려에 아주 중요한 논쟁거리가 생겼어. 당

시 중국 땅에서는 명나라가 한창 세력을 키우고 있었고, 원나라는 보잘것없이 쪼그라들어 겨우 살아남아 있을 뿐이었어. 그런데 명나라에선 고려가 여전히 원나라하고 친하게 지내는 것 아닌가 하고 의심을 했어."

"가만, 원나라하고는 공민왕 때 벌써 멀어진 거 아니었어요?"

나선애가 물었다.

"응, 공민왕은 원나라의 간섭에서 벗어나기 위해 애썼지. 하지만 공민왕이 죽은 뒤 우왕과 권문세족들은 다시 원나라와 가깝게 지내려고 했거든. 명나라는 이런 낌새를 알아차리고는 고려 왕실에 지나친 요구들을 해 왔어. 금이며 은을 갖다 바쳐라, 정성 들여 기른 말들을 보내라, 그것도 모자라 명나라 황제는 철령 북쪽의 고려 땅을 명나라에 내놓으라고 명했어."

"뭐야, 남의 땅을 거저먹겠다는 거잖아요? 그런 게 어딨어."

"결국 이 일을 놓고 신하들끼리 의견이 갈리게 됐어. 우선 최영이 나서서 명나라에 강하게 맞서야 한다고 했지. 명나라가 철령 이북을 다스리도록 내버려 둔다면 다음번엔 더 큰 요구를 해 올 게 분명하니, 고려에서 먼저 명나라의 요동 땅에 쳐들어가 본때를 보여 주자고 한 거야."

장하다가 그 말이 맞다는 듯 손뼉을 짝짝 쳤다.

"하지만 이성계는 4가지 이유를 들며 최영의 말에 반대했어. 첫

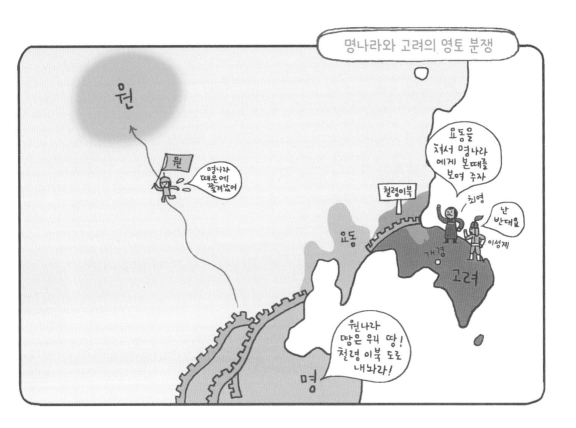

째, 작은 나라인 고려가 명나라를 먼저 공격해선 안 되고 둘째, 한여름에 전쟁을 벌이면 군사들이 너무 지쳐서 싸우기 어렵고 셋째, 군사들을 요동으로 멀리 정벌을 보내면 그 틈을 타서 왜구가 쳐들어올 가능성도 크다고 했어. 마지막으로 덥고 습한 장마가 닥치면 활의 접착제인 아교가 녹아 풀어지고, 전염병에 걸리기도 쉽다고 했지. 물론 이 주장은 이성계 혼자만의 것이 아니라 그와 손을 잡은 신진 사대부들의 주장이기도 했어."

"하긴, 대책 없이 덤볐다간 고려가 위험할 것 같아."

"질 게 뻔한 싸움을 일부러 만들지 말라는 얘기네."

왕수재의 말에 허영심도 고개를 끄덕거렸다.

"하지만 우왕은 이성계의 말을 받아들이지 않았어. 아직 이성계보다는 권문세족의 대표나 다름없는 최영의 말에 더 힘이 실렸거든. 이성계는 끝까지 반대했지만, 결국은 왕의 명령에 따를 수밖에 없었어. 일단 최영과 이성계, 우왕까지 나서서 5만여 명이나 되는 군사들을 이끌고 북쪽으로 향했다가 최영과 우왕은 평양에 머물고 이성계만 요동으로 떠나게 됐지."

"그럼 결국 요동으로 쳐들어간 거예요?"

"아니, 이성계는 천천히 이동하며 시간을 끌었어. 압록강 하류에 떠 있는 위화도라는 섬에 다다라서는 그나마 더 나아가지 않고 우왕에게 요동을 정벌하라는 명을 거두어 달라는 편지를 올렸어. 우왕은 당연히 안 된다고 했지. 그러자 며칠 동안 고민하던 이성계가 마침내 큰일을 벌이고 말아. 우왕과 최영 등에게 정면으로 맞서기로 하고 개경으로 군사들을 돌린 거야!"

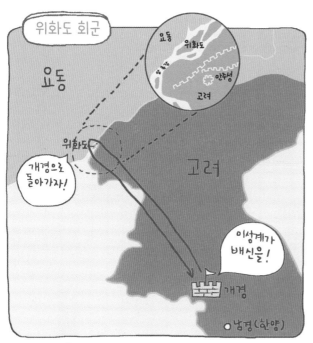

흠칫 놀란 장하다가 "앗, 반역이잖아?" 하고 소리쳤다.

"이성계는 군사들을 이끌고 빠른 속도로 개경을 향해 내려왔어. 올라갈 땐 3주 가까이 걸렸지만, 내려올

땐 단 9일 만에 개경까지 도착했다지. 1388년에 벌어진 이 사건을 '위화도 회군'이라고 불러. '위화도에서 군사를 되돌렸다'는 뜻이지. 이 소식을 들은 최영과 우왕은 부랴부랴 개경으로 돌아왔어. 최영은 이성계의 군사들을 맞아 필사적으로 저항했지. 하지만 이성계의 군사는 너무나 많았어. 결국 최영은 이성계에게 붙잡혀 귀양을 떠났다가 얼마 안 가 처형을 당하고 말았지. 궁지에 몰린 우왕은 궁궐의 환관들을 모아 이성계의 집을 습격했다가 역시 왕의 자리에서 쫓겨났어. 이렇게 되자 권문세족들도 이성계 앞에서 더 이상 큰소리를 치지 못하게 됐어."

최영 장군 묘 경기도 고양시에 있어. 최영은 '요동을 공격한 죄'로 처형당했어. 이성계는 나중에 '무민'이라는 시호를 내려 그의 넋을 위로했어. 시호란 왕이나 신하가 죽은 뒤에 그의 공에 따라 내려 주는 이름을 말해.

오랜 골칫거리인 토지 제도를 개혁하다

"우왕의 뒤를 이은 것은 아홉 살 먹은 그의 아들, 창왕이었어."

"어? 왜 우왕의 아들을 왕위에 앉힌 거죠? 창왕이 불만을 품고 이성계한테 벌을 내릴 수도 있잖아요."

나선애의 말에 용선생은 고개를 끄덕이며 대답했다.

"물론 이성계나 정도전은 그러고 싶지 않았겠지만 아직은 권문세족들의 눈치를 조금은 봐야 했거든. 창왕은 왕위를 오래 지키지 못했어. 권문세족 출신의 신하들과 짜고 이성계를 죽이려 했다는 이유로 쫓겨나게 됐지. 이 일은 실제보다 꽤나 부풀려졌고, 이때 이성계에 반대하던 신하들은 거의 모두 관직에서 밀려났어. 이렇게

해서 창왕과 대부분의 권문세족들이 쫓겨난 뒤, 이번엔 공양왕이 새로 왕위에 올랐어. 고려의 마지막 왕이었던 그는 죽은 뒤에 신하들이 붙여 준 시호조차 '왕위를 공손하게 내주었다'는 뜻을 가진 '공양왕'이 되었지."

"그럼 공양왕이 곧바로 이성계에게 왕위를 내준 건가요?"

나선애가 다시 물었다.

"그런 건 아니야. 공양왕은 비록 힘없는 왕이긴 했지만 어찌어찌 4년가량이나 왕위를 지켰지."

"4년이나요? 그럼 이성계랑 정도전은 그 사이에 뭘 했어요?"

"권문세족들을 완전히 누르고 새 나라를 일으킬 준비를 차근히 해 나갔어. 사실 권문세족들의 힘은 그들이 가진 토지에서 나온다고 해도 틀린 말이 아니었지. 그들은 여전히 전국의 토지 중 상당 부분을 차지하고 있었어. 권문세족들의 세력을 꺾고 그들이 더 이상 횡포를 부리지 못하게 하려면 토지 제도를 뒤엎는 수밖에 없었어. 이 일에 앞장선 것은 정도전이었어. 정도전은 오래전부터 고려의 백성들을 괴롭히는 토지 제도를 개혁할 방법을 고민하고 있었지. 그는 이미 창왕 시절에 전국의 모든 토지를 빠짐없이 나라의 소유로 한 뒤 백성들에게 고루 나눠 줘야 한다고 주장했어. 온 신하들이 반대하는 바람에 뜻을 이루지 못했지만 말야."

"와우, 화끈하시네!"

장하다가 눈을 크게 뜨며 말했다.

"공양왕을 세운 뒤 정도전과 신진 사대부들은 다시 토지 개혁안을 내놓았고, 힘 있게 밀어붙였어. 우선은 그동안 권문세족들이 제멋대로 차지하고 있던 땅을 모두 빼앗았지. 그러고는 나라 안의 토지를 전부 조사해서 그에 따라 새로운 토지 대장을 작성했어. 옛 토지 대장은 모두 불태워지고, 권문세족들이 차지했던 땅들은 대부분 원래 주인인 농민에게 돌아가거나 나라의 것이 되었어."

"권문세족들의 땅을 빼앗았다니, 그거 참 잘했네요!"

"그러게, 속이 다 시원해."

나선애과 허영심이 얼굴을 마주 보며 끄덕거렸다.

"그리고 나라에서 관리들에게 지급할 토지에 대해 새로 기준을 세웠어. 1391년에 실시된 이 제도를 과전법이라고 해. 과전이란 관

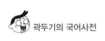 곽두기의 국어사전

대장(臺帳)
기본[臺]이 되는
사항을 기록하는
장부[帳]를 말해.

리가 받게 되는 땅을 가리키는데, 중요한 건 정말로 땅을 받는 게 아니라 그 땅에서 세금을 거둘 수 있는 권리를 받는다는 점이야."

"네? 그게 무슨 뜻이에요?"

나선애가 이해할 수 없다는 표정을 지었다.

"음…… 옛날에는 땅을 갖는다는 것이 요즘과 좀 다른 의미였어. 땅이 중요한 것은 농사를 지어 곡식을 거둬들일 수 있기 때문이었지. 지금처럼 땅을 사고팔 일도 별로 없었고. 그러니 땅을 둘러싼 제일 큰 문제는 그 땅에서 난 곡식의 얼마만큼을 누가 가져갈 것인가였어. 과전법은 그중에서 관리들이 세금을 받아 갈 땅의 범위와 그 양을 정해 놓은 법이었어. 관리들의 등급에 따라 땅을 나누어 주고, 그가 죽으면 나라에 다시 반납하도록 했지. 몇 가지 예외를 두기는 했지만 원칙적으로는 자식에게 물려줄 수 없도록 한 거야.

자, 이렇게 새로 토지 제도를 정리하고 과전법을 실시하니, 대부분 관리였던 신진 사대부들은 경제적으로도 힘을 가지게 됐어. 또 나라에서 거둬들일 수 있는 세금의 양도 크게 늘었으니 나라 재정도 튼튼해졌지. 그뿐이 아니야. 이때 농민들이 내야 하는 세금도 생산량의 10분의 1로 정해 백성들의 부담을 한결 줄여 주었지."

"호…… 꿩 먹고 알 먹고네요. 이제 새 나라를 세우는 일만 남았군요."

왕수재가 감탄스럽다는 듯 중얼거렸다.

이성계의 발원 사리 장엄구 은기, 동기, 백자 등 총 9점으로 구성된 사리 장엄구(사리를 담은 물건)야. 과전법이 시행된 후, 1391년 이성계는 자신을 지지하는 사람들과 함께 금강산 비로봉에 이 사리 장엄구를 묻었어. 아마도 자신의 혁명이 성공하길 바라는 마음을 담아 묻었을 거야. 국립중앙박물관 소장. 보물.

두 패로 갈라진 개혁 세력

"하지만 이들에겐 마지막 걸림돌이 있었어. 이런저런 개혁을 하는 과정에서 신진 사대부들이 두 패로 갈라지게 됐거든. 한쪽은 고려를 무너뜨리고 새 나라를 세우자는 급진적인 주장을 해서 급진파라 부르고, 다른 한쪽은 개혁은 해도 고려 왕조만은 지켜야 한다는 온건한 주장을 해서 온건파라고 부르지. 얘들아, 급진파를 대표하는 인물은 누구였을까?"

"그야 당연히 정도전이겠죠?"

나선애가 재빨리 대답했다.

"맞았어. 그에 맞선 온건파를 대표하는 인물은?"

이번엔 왕수재가 서둘러 손을 들었지만 답을 몰랐다.

"저요! 어, 그러니까 누구지……?"

"누구냐면, 고려 충신으로 이름난 정몽주였어. 그는 당시 학자들이 최고라고 꼽을 만큼 뛰어난 실력에 훌륭한 인격까지 갖춘 인물이었대. 정몽주는 정도전과

정몽주(1337~1392) 정몽주는 다섯 살 아래인 정도전을 많이 아꼈어. 정도전도 정몽주를 '마음을 같이한 벗'으로 여겼지. 하지만 망해 가는 고려를 끌어안은 정몽주와 새 나라를 세우려는 정도전은 끝내 역사의 라이벌이 되었어.

함께 공부를 한 선후배 사이일 뿐 아니라 이성계가 여진 정벌을 할 때 그를 도와 많은 공을 세우기도 했어. 물론 그들이 위화도 회군 뒤에 고려를 개혁할 때도 힘을 보탰지. 하지만 결정적으로 고려 대신 새 나라를 세우는 것은 신하로서 절대로 해서는 안 될 일이라고 여겼어. 물론 이성계가 왕이 되는 것에도 반대였고, 그의 힘이 너무 커지는 것을 막기 위해 공양왕에게 힘을 실어 줬어. 그러니, 시간이 갈수록 급진파와 온건파 사이의 갈등은 점점 커져만 갔어."

"고려를 지킬 것이냐, 새 나라를 세울 것이냐! 그것이 문제로다."

장하다가 있지도 않은 턱수염을 쓰다듬는 척하며 중얼거렸다.

"그러던 어느 날, 이성계가 말에서 떨어져 다치는 바람에 몸져눕게 되었어. 이성계의 발이 묶이자 기회를 잡은 온건파는 더욱 기세를 올렸어. 심지어 정도전을 멀리 귀양 보내 버리기까지 했지. 이성계의 입장에선 자칫하면 지금껏 차곡차곡 쌓아 온 것들을 한꺼번에 잃게 될지도 모를 판이었어. 그런데 이성계가 주춤거리는 사이에 상

오목대 오목대란 '오동나무가 많은 봉우리'란 뜻이야. 이성계가 황산에서 왜구를 물리치고 개성으로 돌아가던 길에 여기서 잔치를 벌였어. 이성계는 잔치에 참석한 친척들 앞에서 나라를 세우겠다는 속마음이 담긴 노래를 읊었대. 전라북도 전주에 있어.

황을 한 방에 정리한 인물이 있었어. 바로 이성계의 다섯째 아들인 이방원이었지. 하루는 정몽주가 이성계의 집에 찾아왔어. 겉으로야 다쳐서 누워 있는 이성계의 병문안을 온 거였지만, 실은 이성계가 무슨 생각을 하고 있는지, 다른 꿍꿍이는 없는지 알아보려 했던 거지. 하지만 이성계는 아무렇지 않게 정몽주를 맞이했고, 두 사람은 평소와 다를 바 없는 대화를 나눴어. 그리고 돌아오는 길……, 어디선가 무기를 든 괴한들이 나타났어! 정몽주의 목숨을 노리는 이들이었지. 결국 정몽주는 그날 집에 돌아가지 못하고 죽음을 맞게 되었어."

에이, 설마?

"에에?"

깜짝 놀란 아이들의 눈이 커다래졌다.

"어휴…… 이성계는요? 이성계도 그 일을 알고 있었나요?"

"이방원이 정몽주를 없애겠다는 이야기를 했을 때 이성계는 강하게 말렸어. 그런 방법을 쓰기보다는 어떻게든 정몽주를 설득해 힘

선죽교 개성에 있는 돌다리야. 이 돌다리 위에서 정몽주가 목숨을 잃었다고 알려져 있어. 1780년에 다리를 보호하기 위해 난간을 치고, 그 옆에 다리를 새로 놓았어.

을 합치기를 원했던 것 같아. 나중에 아들이 벌인 일을 안 뒤에도 크게 화를 냈다지. 이방원도 처음부터 정몽주를 죽이려 했던 것은 아니야. 잘 꼬드겨서 자기네 편으로 만들려고 했지. 하지만 정몽주가 끝까지 거절하자 그를 없애 버리기로 한 거야. 이때 이방원과 정몽주가 주고받은 유명한 시조가 있어. 어디 들어 볼래?"

종이 한 장을 펼쳐 든 용선생이 큼큼, 목청을 가다듬은 뒤 묵직한 목소리로 두 편의 시조를 읽기 시작했다.

하여가
이방원
이런들 어떠하리 저런들 어떠하리,
만수산 드렁칡이 얽혀진들 어떠하리,
우리도 이처럼 얽혀 백 년까지 누리리라.

단심가
정몽주
이 몸이 죽고 죽어 일백 번 고쳐 죽어,
백골이 흙이 되어 넋이라도 있고 없고,
님 향한 일편단심이야 가실 줄이 있으랴!

"무슨 뜻인지 알겠니? 먼저 〈하여가〉란 '아무려면 어떠냐'는 뜻이야. 고려면 어떻고 새로운 나라면 어떠냐, 임금이 왕씨 성을 가졌으면 어떻고, 이씨 성을 가졌으면 어떠냐, 그저 좋은 세상 만나서 잘 살면 되는 것 아니냐 하는 내용이지. 이방원이 정몽주한테 이런 시조를 보냈더니 정몽주는 〈단심가〉를 답으로 보냈어. '내 마음은 오직 하나다'라는 뜻이야. 백 번을 죽고 죽은 뒤 뼈마저 흙이 되어

버린 뒤에라도 고려에 대한 자신의 충심은 변치 않을 거라고.”

“와…… 괜히 고려의 충신이라고 불리는 게 아니네.”

나선애가 안타까운 표정을 지었다.

 ## 우여곡절 끝에 태어난 새 나라 조선

“이렇게 해서 정몽주가 사라지자, 남아 있는 온건파 중 누구도 앞으로 나설 엄두를 내지 못했어. 당연히 공양왕을 지켜 줄 사람도 없었어. 공양왕은 순순히 왕위에서 물러났고, 급진파 신하들이 이성계에게 몰려가 새 임금이 되어 달라고 아우성을 쳤어. 1392년

7월, 위화도에서 군사를 돌린 지 4년 만에 마침내 이성계는 그토록 바라던 왕위에 올랐지. 처음 정도전과 이성계가 만나 서로의 뜻을 확인한 뒤로부터는 벌써 9년의 세월이 흐른 뒤였어. 이로써 거의 500년 동안이나 이어져 온 고려 시대가 완전히 막을 내리고 조선 시대가 열리게 된 거야!"

"가만, 그럼 왕씨들은 이제 어떻게 되는 거지?"

앞에 앉은 왕수재의 뒤통수를 바라보던 장하다가 문득 중얼거렸다. 그 말에 왕수재도 궁금한지 용선생을 빤히 바라보았다.

"이성계는 왕씨 왕족들을 모두 강화도와 거제도로 귀양 보냈어. 전 왕조의 세력이 다시 살아나지 못하도록 한 조치였지. 그뿐만이 아니야. 혹시라도 다시 왕씨를 임금으로 세우려는 이들이 나올까 걱정이 된 이성계와 신하들은 왕씨 왕족들을 죽여 버렸어."

"뭐, 뭐라고요!"

용선생의 말에 왕수재의 얼굴이 순식간에 하얗게 질렸다.

"강화도와 거제도, 삼척 등으로 뿔뿔이 흩어져 귀양 가 있던 왕족들은 모두 바다에 던져졌고, 신분을 바꾸어 마을에 숨어 들어간 왕씨 왕족들을 찾아내 죽이려는 수색 작업도 몇 년 동안 이어졌어. 또한 이성계는 왕씨 성을 하사받은 사람들을 모두 본래의 성으로 돌아가게 하고, 왕족이 아닌 왕씨는 어머니의 성을 따르도록 했지."

"그럼 앤 어떻게 된 거지? 용케 살아남았네."

놀라서 입을 벌린 채 얼어붙은 왕수재 눈앞으로 장하다가 손을 왔다갔다 했다.

"왕씨 왕족을 찾아내는 작업은 이성계의 다섯 번째 아들 이방원

거제도 앞바다 고려가 망한 뒤 왕씨 왕족들은 강화도와 거제도 등으로 유배되었어. 2년 뒤, 거제도에 있던 왕씨 왕족들은 다른 곳에서 자유롭게 살게 해 주겠다는 말을 믿고 배에 올랐다가 바다에 던져져 죽고 말았어.

이 왕위에 오르고 나서야 멈추었다고 해. 태종이 된 이방원은 "왕씨의 후예로서 생존해 있는 자들의 삶을 평안하도록 하라!"고 명령했대. 그때는 새 왕조가 세워진 지 20여 년이 흘러 왕권이 안정되었으니까 무리해서 남은 왕족을 찾아낼 필요가 없었던 거지."

용선생의 말에 장하다와 아이들은 고개를 끄덕였지만, 왕수재는 아직도 왕씨들이 줄줄이 바다에 빠지는 장면을 떠올리며 몸서리를 치느라 아무 말도 듣지 못했다.

"그런데 왜 나라 이름은 조선이 된 거래요?"

"아, 그 이야길 빼먹었구나! 예전에 고조선의 역사를 배울 때 잠깐 이야기했었는데 기억이 날지 모르겠다. 단군이 세운 나라의 이름도 조선이었다고 했었지? 이성계는 우리 민족이 처음 세운 나라의 이름을 그대로 따오면서 그 뒤를 잇겠다는 뜻을 분명히 한 거야. 그래야 백성들도 새 나라에 자부심을 갖고 왕에게 충성을 바칠 마음이 생길 테니까. '새로운 왕조는 고려를 배반하고 세운 나라가 아니라 민족의 뿌리를 당당히 잇는 유서 깊은 나라다!' 이런

태조 이성계 어진 어진은 '왕의 초상화'를 말해. 태조 이성계는 왕이 공식적인 자리에서 입는 곤룡포(용의 무늬를 금으로 수놓은 옷)를 입고 있어. 태조 어진은 원래 26개가 넘었는데 현재 전주 경기전에만 온전히 남아 있지. 세로 295cm, 어진박물관 소장. 국보.

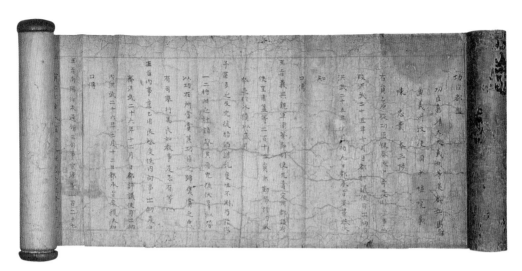

진충귀 개국 원종 공신녹권 나라를 세우는 데 공이 많았던 사람들을 '개국 공신'이라고 해. 이 문서는 개국 공신인 진충귀에게 발급한 거야. 이때 임명된 공신 106명에게 논밭과 노비를 내리고, 부모와 아내에게도 작위를 내린다는 내용이 적혀 있어. 세로 30.8cm, 가로 634cm, 국립중앙박물관 소장. 보물.

생각을 담고 있는 나라 이름인 거지. 이제 알겠지?"

허영심이 고개를 끄덕였다.

"자, 오늘 수업은 여기까지다. 어떠냐, 오늘도 무지 재미있었지?"

용선생의 말에 장하다가 두 팔을 쭉 뻗으며 기지개를 켰다.

"으, 이성계 장군님이 고려를 지켜 줄 걸로만 알았는데 완전 착각이었잖아요? 조선을 세운 분이긴 하지만, 어쨌건 내 스타일은 아니네요."

장하다의 말이 끝나자마자 왕수재가 목소리를 높였다.

"그래, 반역자! 어떻게 왕씨들을 다 죽여 버릴 수가 있어!"

그러자 이번엔 나선애가 말을 받았다.

"전 이해할 수 있을 것 같아요. 어차피 가망 없는 고려 대신 새 나라를 세운 거잖아요. 갑자기 왕위를 빼앗아 버렸더라면 그 일이 쉽지 않았을지도 모르는데, 차근차근 여러 고비를 넘긴 것도 현명한 선택이었던 것 같고."

"맞아. 무작정 임금이 될 욕심만 부렸다면 조선을 세우진 못했을 거야."

이번엔 허영심이었다. 묻지도 않았는데 줄줄이 이어지는 아이들의 이야기에 용선생은 흐뭇한 표정을 지었다.

"다들 많은 생각을 했구나. 좋다, 좋아! 원래 역사라는 건 그렇게 생각할 거리들을 안겨 주는 거거든. 다음 시간엔 조선의 수도 한양의 이모저모에 대해 알아보자. 한양을 살펴보고 나면 조선에 대해 훨씬 잘 알게 될 거야. 그럼 얘들아, 다음 시간에 만나자!"

나선애의 정리노트

1. 이성계는 요동 정벌을 왜 반대했을까?

- 작은 나라 고려가 큰 나라 명을 당해 낼 수 없다.
- 여름에 전쟁을 벌이면 너무 더워 군사들이 쉽게 지친다.
- 군사들을 요동에 보내면 그 틈을 타 왜구들이 쳐들어온다.
- 장마가 닥치면 활이 고장 나고 전염병에 걸리기 쉽다.

2. 토지 제도 개혁

무엇이 문제였나?	- 권문세족들이 불법으로 차지하는 땅이 많았음 - 게다가 세금을 내지 않아서 나라 재정이 엉망 - 이렇게 관리가 제대로 안 되면서 농민들은 높은 소작료를 내야만 했음
어떻게 개혁했나?	- 권문세족들이 차지했던 땅들은 대부분 원래 주인인 농민에게 돌아가거나 나라의 것이 됨 - 관리들이 세금을 받아 갈 땅의 범위와 그 양을 정해 놓음(과전법)
뭐가 달라졌나?	- 세금을 제대로 걷으면서 나라 재정 탄탄! - 농민들은 생산량의 10분의 1을 세금으로 내게 됨

3. 이성계의 조선 건국 대작전

1388년 5월 위화도 회군 ──→ 1388년 6월 최영과 우왕 유배 ──→

1389년 12월 우왕, 창왕 처형 ──→ 1391년 토지 제도 개혁 ──→

1392년 4월 정몽주 암살 ──→ 1392년 7월 공양왕을 폐하고 이성계가 새 왕이 됨

용선생의 역사 카페

역사계의 슈퍼스타,
용선생의 역사 카페에
오신 걸 환영합니다

Log in

게시판 ∨

📄 역사가 제일 쉬웠어용!
📄 이제는 더~ 말할 수 있다!
📄 필독! 용선생의 매력 탐구
📄 전교 1등 나선애의 비밀 노트

정몽주, 알려지지 않은 진실

1. 정몽주는 정도전, 이성계 편이었다?

놀랍다고? 정몽주는 신진 사대부로, 원래 정도전과 친했어. 이성계와 함께 왜구를 물리치기도 했지. 고려의 개혁을 원하던 그는 이성계가 위화도에서 군사를 돌릴 때 지지를 했어. 우왕과 창왕을 내쫓는 것도 반대하지 않았지. 무능한 왕이라면, 나라와 백성을 위해서 내쫓는 게 당연하다고 생각한 거야. 하지만 고려라는 틀 자체를 깨뜨리는 건 용납할 수 없었던 거지.

2. 정몽주는 선죽교에서 죽지 않았다?

정몽주가 돌다리 위에서 죽임을 당했고, 그 돌다리 위에서 '절개'를 상징하는 대나무가 돋아났다는 얘기는 무척 유명해. 그래서 다리 이름도 선죽교로 바뀠다고 하지. 하지만 공식적인 기록인 《고려사》나 《조선왕조실록》에는 나오지 않는 얘기야. 게다가 정몽주가 죽은 뒤부터 '선죽교'라 부르기 시작했다는 돌다리는 원래 이름이 '선지교'였대. 그리고 정몽주가 선죽교에서 죽었다는 얘기가 최초로 책에 실린 건, 그가 죽은 지 4백 년 가까이 지난 18세기 중반의 일이야. 이런저런 근거를 따져 보면, 정몽주는 선죽교 말고 다른 곳에서 죽었을 가능성이 99%야.

3. 이방원은 정몽주를 충신으로 받들었다?

정몽주를 죽인 이방원이 나중에는 그를 충신으로 받들었다니, 좀 놀라운 일이지? 다 이유가 있어. 이방원이 정몽주를 죽였을 때는 왕조를 새로 열어야 할 입장이었지만, 자기가 왕이 된 후에는 왕조를 지켜야 하는 입장이 되었잖아. 그래서 이방원은 왕이 된 후 정몽주의 충성심을 강조했어. '비록 정몽주가 충성한 대상은 고려였지만, 정몽주의 충절은 본받을 필요가 있다'고 말이야. 이후의 왕들도 같은 이유로 정몽주를 충신으로 생각했어. 정몽주를 기리는 비석을 세우는 등 정몽주 받들기에 힘썼지. 조선 건국을 반대했던 정몽주가 '조선 최고의 충성심 아이콘'이 되다니, 참 묘한 일이지?

정몽주의 과거 시험 답안지

숭양 서원
1573년 정몽주의 옛 집터에 정몽주를 추모하기 위해 세운 서원이야. 선죽교와 가까운 거리에 있어.
시간이 흘러 조선의 21대 임금인 영조가 직접 현판의 글씨를 써서 내리기도 했대. 조선 시대에 정몽주가 얼마나 존경을 받았는지 알 수 있지.

 COMMENTS

곽두기 : 그런데 왜 선죽교에서 정몽주가 죽었다고 할까요?

└ 용선생 : 아마 선죽교가 정몽주의 집 바로 앞에 있어서 그런 것 같아. 이것도 추측이지만 말이야.

한국사 퀴즈 달인을 찾아라!

01 ★☆☆☆☆

고려 말의 실력자들이 여기에 다 있네?
같은 편끼리 엮어 주자.

정도전 •

• 최영

우왕 •

• 이성계

02 ★★★★★

고려 말, 아래 제도가 시행된 뒤 볼 수 있었던
상황으로 옳은 것은 무엇일까? (   )

권문세족의 땅을 빼앗고 토지 대장을 작성
한 뒤, 새로운 제도를 실시해 관리들에게 지
급할 토지에 대한 새로운 기준을 세웠어.

① 나라의 재정이 탄탄해졌다.
② 신진 사대부들의 힘이 약해졌다.
③ 백성들이 내야 하는 세금이 늘어났다.
④ 기철 등 부원 세력이 성장하는 계기가 되
   었다.

도착!

05 ★★★★☆

이성계는 요동으로 가는 도중에 압록강 가운데에 있는 어떤 섬에 머물렀어. 이 섬의 이름이 뭐지? (   )

① 울릉도   ② 강화도
③ 위화도   ④ 안면도

04 ★★★★☆

곽두기가 기특하게도 자기만의 노트를 정리 중이야. 누가 도와주면 좀 더 수월하게 정리 할 수 있지 않을까?

(   ) : '황금 보기를 돌같이 하라'는 말을 평생 지킨, 고려의 마지막 명장, 요동을 정벌하려 하다가 처형당함.

(   ) : 정몽주가 이방원의 〈하여가〉에 답하느라 지은 시조. '내 마음은 오직 하나'라는 뜻.

달인 트로피

03 ★★★☆☆

온건파와 급진파로 갈라진 신진 사대부들. 그 차이를 정리해 보았어. 그런데 틀린 부분이 있네.
몇 번인지 적어 줄래? (   )

	온건파	급진파
고려에 대한 시각	① 고려에 문제가 매우 많다	
개혁의 방법	② 고려 안에서 개혁해야 한다	③ 고려를 없애고 새로 시작해야 한다
대표 인물	④ 정몽주	⑤ 최영

• 정답은 291쪽에서 확인하세요!

떠나 볼까?

용선생 현장 강의

조선 왕실이 사랑한
전주에 가다

전라북도 전주는 태조 이성계의 조상이 살던 곳이야. 조선 왕실은
일찍이 이곳에 경기전을 짓고 태조 어진을 모셔 두었지. 과거와
현재가 공존하는 도시, 전주로 떠나 볼까?

전주 한옥 마을 전경

전주 한옥 마을

700여 채의 한옥이 그림처럼 펼쳐져 있는
한옥 마을에 왔어. 한옥 마을은 일제 강점기
때 전주에 일본인들의 집이 우후죽순 생기자 이에
반발해 지어진 한옥촌에서 시작되었대. 한옥 마을의
드레스 코드는 당연 한복이야. 친구들과 예쁜 한복을
빌려 입고 사진을 찰칵 찍었어!

경기전 내 대나무 숲 이곳에서 발길을 잠깐 멈추고
바람에 서걱이는 대나무 소리에 귀를 기울여 봐.

전주 경기전

한옥 마을에는 태조의 어진을 모신 경기전이 있어. 경기전은 태종 때 지어졌는데, 임진왜란
때 불타 버린 걸 광해군 때 다시 지은 거래. 경기전 정전에서 파란색 곤룡포를 입은 태조의
모습을 볼 수 있었어. 진품은 경기전 내 어진박물관에 전시돼 있지!

전주 경기전 정전 태조 어진을 모셔 두었던
건물이야. 건물 안마당은 제례를 지내는 중요한
곳이지. 마당 양옆으로 화재에 대비해 물을 담아
두는 그릇인 드므가 있어.

부채 부채는 더위를 쫓는 용도 외에도 늘
지니고 다니면서 얼굴을 가리는 데 쓰거나
패션을 완성하는 장신구의 역할을 하기도 했지.

부채 문화관

한옥 마을 안에는 부채 문화관도 있어. 전주는 예로부터 임금님께
진상할 부채를 만드는 관청이 있던 곳이야. 질 좋은 종이와
대나무를 구할 수 있었기 때문이지. 부채 문화관에서는 오늘날까지 전통
방식으로 부채를 제작하는 장인들의 작품을 전시하고, 방문객들이 부채를
만들어 볼 수 있도록 체험 프로그램도 운영하고 있어.

전주 전동 성당

경기전 바로 앞에는 전동 성당이 있어.
전동 성당이 위치한 곳은 조선 시대에 박해를
받던 천주교 신자들이 처형당한 장소야.
1907년~1914년에 프랑스 건축가가
설계하고 지었는데, 회색과
붉은색의 벽돌이며 창문이
정말 아름다워. 바로
앞의 경기전과도
묘하게 잘
어울려서
신기했어!

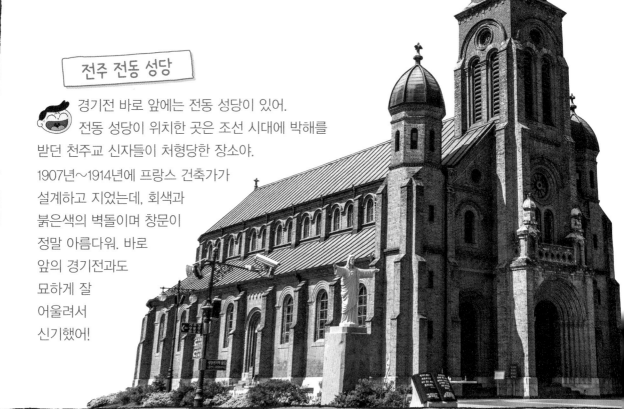

전주 풍남문

한옥 마을 인근에 있는 전주성의 풍남문을 보러 갔어. 풍남문은 전주를 둘러싼 성곽(전주성)의 남쪽 출입문인데 고려 말인 1389년에 전주성과 함께 지어졌지. 이후 전주성은 조선 시대 전라도 지역의 군사적 요충지 역할을 했어. 그러나 순종 때 모두 철거되고 지금은 풍남문만 남아 있지. 밤이 되면 조명이 성을 비추는 데, 정말 웅장했어.

전주에는 맛있는 음식들이 정말 많아. 특히 싱싱한 콩나물이 들어간 전주비빔밥과 콩나물 국밥이 유명하지! 두 음식을 한입 맛보면 절로 엄지를 치켜세우게 돼!

전주비빔밥 콩나물과 육회가 들어간 전주비빔밥은 전주를 대표하는 음식이야. 알록달록한 재료들이 보기에도 좋고 맛도 좋아.

우리의 수도 서울은 조선의 수도 한양을 그대로 물려받은 유서 깊은 도시야.
그 역사만 해도 600년이 넘으니, 서울 곳곳에는
옛 한양의 흔적과 숨결이 배어 있는 장소가 아주 많단다.
한양은 어떻게 생겼을까?
오늘은 새 나라 조선의 수도 한양을 속속들이 살펴보자!

1392
조선이
세워지다

1394
한양에 궁궐을
짓기 시작하다

종묘
1395.9
종묘가
완공되다

1395.10
정도전이
새 궁궐의
이름을 짓다

1396
4대문을
쌓기 시작하다

1398
1차 왕자의 난
이 일어나다

새 수도 한양은 어떻게 생겼을까?

✔ 알고 있는 용어에 체크해 보자!

- [ ] 한양
- [ ] 4대문
- [ ] 사직단
- [ ] 종묘
- [ ] 경복궁

"어휴, 아까 입구엔 산책로라고 쓰여져 있던데 무슨 산책이 이래요?"

가파른 계단을 오르던 허영심이 용선생에게 투덜거렸다.

"벌써 힘드니? 금방 숙정문에 도착할 테니 조금만 더 가자."

용선생의 말에 장하다가 쪼르르 앞서 나갔다. 잠시 뒤 장하다의 고함 소리가 들려왔다.

"다 왔다! 내가 1등!"

용선생과 아이들이 도착했을 때 장하다는 벌써 한쪽에 자리를 잡고 앉아 과자와 초콜릿 봉지를 뜯어 우물우물 먹고 있었다.

"넌 어떻게 틈만 나면 먹자판이냐?"

왕수재는 말은 그렇게 하면서도 장하다가 건네는 초콜릿을 잽싸게 받았다. 모두들 그 곁에 옹기종기 자리를 잡고 앉았다.

"참, 저 문은 뭐예요? 옛날 문 같은데 왜 이런 산길에 있어요?"

"어이구, 일찍도 묻는구나!"

용선생은 기다렸다는 듯 가방에서 둘둘 말린 커다란 종이 한 장을 꺼냈다. 고풍스러운 옛 지도였다.

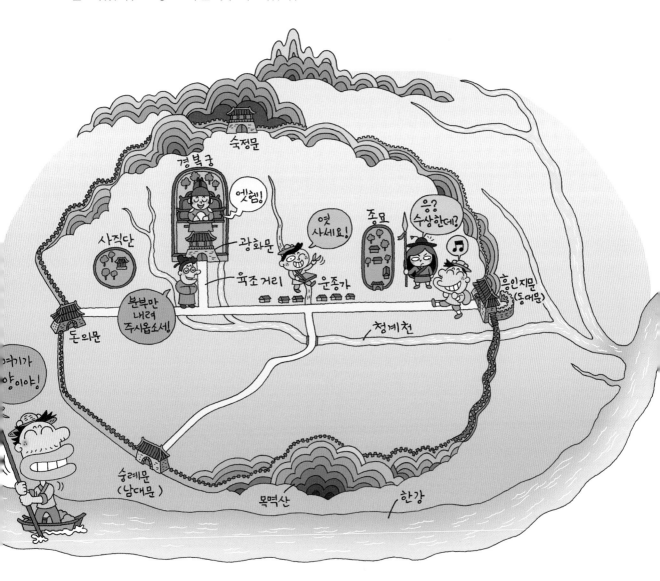

성리학의 원리에 따라 설계된 한양

"저 문으로 말할 것 같으면, 한양의 4대문 중 하나인 숙정문이야. 조선을 세운 태조 이성계는 1394년에 수도를 개경에서 한양으로 옮겼어. 한양 둘레에 튼튼한 성곽을 쌓고, 성곽 사이사이에는 여러 문들을 세웠지. 이 지도에 그려진 것이 바로 한양의 모습이란다."

"그냥 개경에 있으면 그런 거 다 새로 안 만들어도 될 걸, 왜 수도를 옮긴 건데요?"

지도를 들여다보던 장하다가 어깨를 으쓱하며 물었다.

"조선이 세워진 후에도 개경에는 고려에 충성하는 사람들이 남아 있었거든. 옛 왕조의 수도였던 개경 대신 새로운 수도에서 새 출발을 하려고 한 거지. 사실 오랜 세월 동안 개경에 터를 잡고 살아 온 신하들은 대부분 수도를 옮기는 것을 내켜 하지 않았지만, 태조가 끈질기게 추진한 일이었어. 그럼 왜 하필 한양이 되었느냐? 당시 조정에서는 한양에 대해 이렇게 말했는데, 들어볼래?"

용선생이 목소리를 가다듬고 말했다.

'안팎으로 산과 물의 형세가 매우 훌륭한 것은 옛날부터 이름난 것이요, 사방으로 통하는 거리가 고르고, 배와 수레도 통할 수 있으니 여기에 영구히 도읍을 정하는 것이 하늘과 백성의 뜻에 맞습니다.'

"원래부터 한양은 풍수지리상으로 아주 좋은 자리였다는 거야. 고려 시대 때에도 수도 개경과 더불어 '남경'이라고 불렸지. 한 때는 이곳으로 천도할 계획도 세웠었대. 또 산으로 둘러싸여 혹시 적이 침입을 해 와도 쉽게 막아 낼 수 있는 자연적인 요새였어. 이곳 북악산은 특히 새 궁궐을 뒤에서 든든하게 지켜 주는 중요한 산이었지. 게다가 육지를 통해 전국 곳곳으로 쉽게 통할 수 있고, 이 아래 남쪽으로는 한강이 흘러서 뱃길도 아주 좋았지. 조선 시대 뱃길은 가장 중요한 교통로였거든. 전국 각지에서 거두어들인 곡식이며 옷감, 특산물 등이 바다나 강을 통해 운반돼 들어왔으니까. 한양이라는 이름도 한강을 기준으로 북쪽 지역이란 뜻을 가지고 있어."

그때 곽두기가 이상하다는 듯 용선생을 불렀다.

"어? 선생님, 그럼 한강 남쪽은 한양이 아니었어요?"

걸어 볼까?
한양 도성

용선생 현장 강의

서울 한양 도성 서울을 둘러싸고 있는 조선 시대 도성이야. 북악산, 인왕산, 목멱산, 낙산을 연결하는 도성으로, 둘레는 약 18km야. 1395년 태조의 명에 따라 정도전이 도성을 쌓을 곳을 직접 결정했어. 사적.

삼각산(북한산)

북악산(백악산)

창의문

인왕산

숙정문

혜화문

사직단

경복궁

낙산

육조 거리

종묘

돈의문

흥인지문

소의문

광희문

숭례문

목멱산(남산)

한강

〈도성도〉 도성인 한양의 모습을 그린 그림이야. 한양을 둘러싼 산들에 색을 입혔고, 경복궁, 종묘, 사직단 등은 금방 찾을 수 있게 크게 그려 놓았어.

"한양은 주로 4대문 안쪽을 뜻하는 거였어. 4대문이 뭔지는 너희도 알고 있지? 어디 이름 한번 말해 볼래?"

곽두기가 얼른 "동대문! 서대문! 남대문! 북대문!" 하고 외쳤다. 그러자 왕수재가 절레절레 고개를 흔들었다.

"그건 아니지. 남대문이 아니라 숭례문! 그리고 아까 저 문 이름도 숙정문이랬잖아."

"맞아. 두기가 말한 이름이 제일 쉽고 친숙하긴 한데, 4대문의 정식 이름은 따로 있어. 동, 서, 남, 북, 차례로 흥인(지)문(興仁之門), 돈의문(敦義門), 숭례문(崇禮門), 숙청문(肅淸門)이야. 숙청문은 나중에 숙정문(肅靖門)으로 고쳤어. 이걸 동대문, 남대문이라고 부르기 시작한 건 일제 강점기에 일본 사람들이 그렇게 퍼뜨렸기 때문이라는 얘기도 있어. 원래의 멋진 이름 대신 일부러 시시한 이름을 붙여서 깎아내리려고 말이야. 하지만 그건 잘못 알려진 이야기고, 조선에서도 두 가지 이름을 다 사용했어. 정식 이름보다는 동서남북 네 방향을 붙여서 부르는 게 훨씬 편하지 않겠니? 《조선왕조실록》을 보면 '동쪽에 있는 문은 흥인문이라 하니 속칭 동대문이다', '남쪽에 있는 문은 숭례문이라 하니 속칭 남대문이다' 이런 기록도 있어."

"아이고 이름 한번 어렵네. 그냥 동대문, 남대문 하면 될 텐데, 뭐하러 그렇게 어려운 이름을 붙여 놨대요?"

뭐든 복잡한 건 질색인 장하다의 말이었다.

"다 이유가 있지. 그냥 지어진 이름이 아니라 성리학의 기본 원리를 담고 있는 이름이야. 조선은 성리학의 나라였거든."

"성리학의 기본 원리? 그게 뭔데요?"

"잘 들어 봐. 한 나라가 만들어지고 잘 유지되려면 필요한 게 많겠지? 그중에서도 꼭 필요한 것이 바로 사상이야. 조선을 세우는 데 앞장선 신진 사대부들은 새 나라를 철저히 성리학의 원리에 따라 다스리고 싶어 했어. 물론 고려 때도 성리학이 중요하긴 했지. 하지만 너희도 알다시피 고려는 불교의 나라였기 때문에 성리학의 이상보다는 부처님의 가르침이 먼저였어. 게다가 고려 말기에는 수많은 절들이 대토지를 차지하고 많은 노비들을 거느리며 백성들의 생활을 옥죄었지. 또 승려는 세금을 내지 않는 특별한 신분이었기 때문에 불교에 뜻이 없으면서도 절에 들어가 승려 노릇을 하는 이들이 넘쳐났어. 자연히 다른 백성들이 떠안아야 하는 부담이 더욱 커졌지. 그래서 조선은 여러 가지 제도를 통해 불교를 억누르고자 했어."

정선의 〈백천교도〉
갓을 쓴 양반들은 금강산 경치를 구경하고 있고, 하얀 고깔을 쓴 승려들은 가마 앞에서 기다리고 있어. 양반들은 주로 가마를 타고 산길을 오르내렸는데, 이때 승려들이 가마꾼으로 동원되었어.

"억눌렀다면…… 혹시 스님들한테 벌을 주었나요?"

바로 며칠 전에도 엄마를 따라 절에 다녀온 곽두기가 조심스러운 목소리로 물었다.

"벌을 준 건 아니고, 승려가 될 수 있는 조건을 아주 까다롭게 내 걸고 승려가 가졌던 특권도 모두 빼앗아서 승려의 수가 확 줄어들 도록 했어. 절에서 토지를 소유하지 못하도록 제도를 고치고, 도성 안에는 아예 절이 세워지지 못하도록 했고. 그런가 하면 왕을 가르 치는 스승도 승려가 아닌 성리학자들로 바꾸었어. 또 성리학의 가 르침들을 책으로 펴내 널리 퍼뜨리는가 하면 법도 새로 고쳐서 성 리학이 백성들의 생활 속으로 파고들 수 있도록 했어."

용선생이 바닥에 놓인 지도를 뒤집자, 인의예지신(仁義禮智信) 다 섯 글자가 나타났다. 두기가 다섯 글자를 하나씩 읽어 내려갔다.

"어질 인, 옳을 의, 예의바를 예, 지혜 로울 지, 믿을 신. 이거 다 우리 할아버 지가 저한테 항상 잊지 말라고 하신 글 자들이에요!"

"그랬니? 이 글자들은 성리학의 기본 가르 침을 담고 있단다. 윗사람은 아랫사람을 어 질게 다스리고, 아랫사람은 윗사람을 정성을 다해 받들 것, 또 사람이라면 예의를 알고 믿

음을 지킬 줄 알아야 한다는 것. 조선을 세운 이들은 이 가르침들을 강조하기 위해서 한양 곳곳에 이 글자들을 새겨 넣었어."

"한양 곳곳에 글자들을 새겨 넣어요? 그게 무슨 말씀이세요?"

갸우뚱거리는 아이들을 보며 용선생이 씩 웃음을 지었다.

 ## 4대문 이름 속에서 숨은 글자 찾기

"얘들아! 우리 숨은 글자 찾기 할까? 4대문 이름 속에는 금방 말한 성리학의 기본 가르침이 들어 있어! 이 글자들을 비교하면서 찾아봐. 아마 만만치 않을걸?"

용선생이 종이를 가리켰다. 얼떨떨한 표정으로 종이를 들여다보던 아이들 중에 나선애가 제일 먼저 답을 찾아냈다.

다섯 가지 덕목

```
인                    흥○지문

의                    돈○문

예                    숭○문

지                    숙정문

신                    보○각
```

"알았다! 여기 '인' 자하고 '의' 자가 있네요. '인의예지신' 중에서 '인'하고 '의' 맞죠?"

선애가 흥인지문과 돈의문을 가리키자, 두기도 손을 번쩍 들며 말했다.

"아하! 선생님, 저도 찾았어요. 여기 숭례문에 '예' 자!"

그러자 마음이 급해진 왕수재가 "어, 저요 저!" 하며 종이에 얼굴

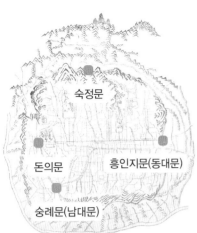

서울 흥인지문 도성 안의 8개 성문 중 유일하게 반달 모양의 옹성을 둘렀어. 보물.

돈의문 1915년 일제가 도로를 넓힌다고 헐어 버려서 지금은 남아 있지 않아. 서울 종로구 사직동에서 독립문으로 넘어가는 언덕에 있었던 것으로 추정돼.

을 바짝 들이댔다. 하지만 아무리 들여다봐도 더 이상은 같은 글자를 찾아낼 수 없었다.

"문제를 잘못 내신 것 같은데요? 이제 같은 글자가 없잖아요."

"만만치 않을 거랬지? 흐흐. 선애하고 두기가 잘 맞혔어. 먼저 한양의 동쪽 대문인 흥인지문은 '인(仁)을 흥하게 하라'는 뜻을 담고 있어. 서쪽의 돈의문은 '의(義)를 북돋우라'는 뜻, 남쪽의 숭례문은 '예(禮)를 높이라'는 뜻이지. 그리고 마지막 숙정문! '인의예'가 나왔으니 그 다음엔 '지'가 나올 차례지? 그런데 숙정문은 원래 이름이 숙청문이라고 했잖아. '지(智)'가 없지? 이렇게 북쪽의 문에는 '지'를 적용하지 않고 예외를 두었단다.

용선생의 설명이 끝나자 왕수재가 "에이, 그걸 우리가 어떻게 맞혀요?" 하고 툴툴거렸다.

4대문의
옛날과 오늘날!

참고 영상

숭례문 도성의 정문으로 8개 성문
가운데 규모가 가장 커. 2008년 화재로 2층
문루가 불타 없어졌지만 복구공사 후 2013년에
다시 공개됐어. 국보.

숙정문 산 위에 있고, 평소에는 문을 닫아 두어
일반 백성들이 이용할 수 없었어. 그러다 나라에
가뭄이 들어 기우제를 지낼 때는 이 문을 열어
두었대. 사적.

"그럼 덤으로 문제 하나 더 내줄까? 인의예지 다음의 '신(信)' 자도
한양 어딘가에 숨어 있어. 이 글자는 예로부터 중앙을 뜻했대. 그
렇다면 한양의 중앙, 종로 어디쯤에 있다는 소리겠지? 힌트를 주면
여기에는 커다란 종이 매달려 있어."

"아! 보신각!"

이번에도 나선애가 재빨리
답을 맞혀 버리자, 왕수재는
입술을 꾹 깨물었다. 그때껏
조용하던 허영심은 아는 이야
기가 나오자 "보신각이면 연
말에 제야의 종을 치는 데잖
아요?" 하며 반가워했다.

보신각 1395년(태조 4년)에 종을 보호하기 위해 처음 만들어졌고, '종이 있는
누각'이라는 의미로 종각이라 불렸어. 이후 8번에 걸쳐 다시 지어졌고, 지금의
건물은 1979년 서울시에서 지은 거야. 이곳에 있던 종은 보물로 지정되어 현재
국립중앙박물관에서 보관하고 있어.

"응, 지금은 12월 마지막 날에만 종을 치지만 옛날엔 매일같이 한양의 문을 열고 닫을 때 종을 울렸어. 새벽종이 뎅뎅 울리면 한양으로 통하는 문이 활짝 열리고, 저녁 종이 또 뎅뎅 울리면 문이 꽉 닫히는 거야. 그런데 4대문과 달리 보신각(普信閣)이라는 이름은 조선 초기에 붙여진 것은 아니고 조선 말에 가서야 붙여진 이름이란다. '신(信)을 널리 퍼뜨리라'는 뜻이지."

새 수도 한양의 이모저모

"자, 이제 슬슬 움직여 볼까? 조금만 더 가면 한양의 중심부를 한눈에 볼 수 있는 곳이 나와."

용선생을 따라 아이들도 엉덩이를 털고 일어나 다시 산책로를 오르기 시작했다. 얼마 뒤, 아이들은 아담한 전망대에 도착했다. 멀리 남산이 바라다보이고, 빽빽한 빌딩 숲 사이로 엄청나게 넓은 세종로와 경복궁의 단아한 지붕들도 내려다보였다.

"저기 궁궐 보이지? 바로 조선의 중심인 한양, 한양에서도 또 중심인 경복궁이야. 한양이 수도로서 제 모양새와 기능을 갖출 수 있도록 설계하는 데

경복궁

사직단

종묘

앞장선 사람은 바로 정도전이었어. 정도전은 한양을 설계하면서 제일 먼저 임금이 머무는 궁궐을 짓도록 하고는 직접 '경복(景福)'이라는 이름을 붙였대. 조선이 오랫동안 큰 복을 누리기를 기원한다는 뜻이지. 경복궁은 이따가 직접 들러서 살펴보자."

다시 지도를 편 용선생이 지도 위에서 경복궁의 위치를 짚어 보이고는 손가락을 천천히 움직였다.

"경복궁을 중심으로 서쪽으로 쭉 가면 사직단이 있어. 사직단(社稷壇)은 토지의 신[社]과 곡식의 신[稷]에게 제사를 올리는 곳이야. 농사가 잘되지 않으면 나라가 편안할 수 없었지. 그러니 나라에서 사직을 모셨던 거야. 지금도 이 동네의 이름은 사직동이란다."

사직단 농사가 잘되게 해 달라고 일 년에 네 번 제사를 지냈고, 가뭄이 들면 비를 내려 달라고 제사를 지내기도 했어. 서울시 종로구 사직동에 있어. 사적.

사직동이란 말에 장하다가 "어? 우리 아빠 고향인 부산에도 사직동이 있는데!" 했다.

"사직동은 부산뿐 아니라 광주나 청주 등 여러 지방에서 찾아볼 수 있어. 다 사직단에서 유래된 지명이지. 사직은 한양에만 둔 것이 아니라 각 지방에도 두었거든. 그리고 이렇게 다시 궁궐의 동쪽으로 가면……."

다시 용선생의 손가락이 반대편을 향해 움직이자, 아이들의 눈동자도 따라 움직였다.

"여기, 지금의 종로 3가 근처에는 종묘가 있어. 이 종묘는 역대 왕과 왕비, 즉 왕가의 조상들을 모시는 곳이야. 성리학에서는 조

종묘 태조 이성계는 한양으로 도읍을 옮기면서 자기 조상들의 신주를 모시고 제사를 지낼 종묘를 가장 먼저 지었어. 신주는 죽은 사람의 이름과 죽은 날짜를 적은 나무패인데, 그 사람의 혼을 대신한다고 믿었어. 현재 종묘는 임진왜란 때 불탄 것을 광해군 때 재건한 거야. 1995년 유네스코 세계문화유산에 등재되었어. 서울 종로구 훈정동에 있어. 사적.

종묘 제례와 종묘 제례악 종묘에서는 나라와 왕실이 평안하기를 비는 제사를 지냈는데, 이것을 종묘 제례라고 해. 해마다 봄·여름·가을·겨울이 시작되는 달인 1월·4월·7월·10월, 그리고 한 해의 마지막 달인 12월에 제사를 지냈어. 종묘 제례악은 제사를 지낼 때 연주하는 기악·노래·무용을 말해. 종묘 제례와 종묘 제례악 모두 유네스코 인류 무형 문화유산으로 지정되었어.

상을 받들어 모시는 일을 아주 중요하게 여겼거든. 한 집안의 조상도 중요하게 여겼는데 왕가의 조상들은 얼마나 대단했겠니? 왕가의 조상을 모신 종묘, 또 토지와 곡식의 신을 모신 사직은 조선 왕조의 상징이라고 볼 수 있어. 이렇게 임금이 있는 궁궐에서 바라볼 때 왼쪽으로 종묘를 두고 오른쪽으로 사직을 두는 것도 성리학의 가르침에 따른 거야. 한자로 좌묘우사(左廟右社)라고 하지."

"와, 정말 한양은 온통 성리학에 따라 설계된 곳이었네요?"

나선애의 감탄에 용선생이 고개를 끄덕였다.

"맞아, 우리가 별 생각 없이 지나다니던 곳들이 알고 보면 참 많은 이야깃거리들을 품고 있지. 경복궁의 정문인 광화문 앞으로는 큰길이 나 있었어. 저 아래 보이는 세종로 있지? 바로 그 자리야. 그 길에는 의정부를 비롯해 이조·호조·예조·병조·형조·공조

운종가 시전　시전이란 도시에 있는 상점을 말해. 나라에서는 상점 건물을 지어 상인들에게 빌려
주고, 그 대신 세금을 받았어.

의 6개 관청 등 중요한 관청들이 늘어서 있었단다. 그래서 거리 이
름을 '육조 거리'라고 했지. 육조 거리가 끝나는 곳은 또 다른 길
인 '운종가'와 만나게 돼. 지금의 종로와 신문로를 합한 길이야. 운
종가는 많은 상점들이 빽빽이 늘어선 아주 번화한 거리였어. 한양
에 사는 10만여 명의 사람들이 쓸 물건을 팔았으니 엄청 북적거렸

겠지? 그래서 사람들이 구름처럼 몰려들었다가 흩어지는 거리라는 뜻으로 운종가(雲從街)라고 불렸지. 이 큰길 안쪽으로는 좁다란 골목길이 쭉 이어졌어. 백성들이 말을 탄 양반들의 행차를 피해 다니던 길이라서 '피맛길'이라는 이름이 붙었지."

용선생의 설명을 따라 지도 속 옛길과 발 아래로 보이는 지금의 길을 번갈아 보느라 아이들의 고개가 바쁘게 움직였다. 그때 허영심이 지도 속에서 뭔가를 발견해 냈다.

"근데 이건 뭐죠? 물이 흐른다는 표시 아닌가요?"

"개천이야. 지금의 청계천. 원래는 자연적으로 만들어진 하천이었어. 그런데 산에서 흘러내린 물 때문에 홍수가 나자 물이 잘 빠져나갈 수 있도록 바닥을 더 넓게 판 거지. 1920년대까지만 해도 아낙네들이 개천에 모여 빨래를 하곤 했대. 한때 서울을 개발하는 과정에서 흙으로 덮여 사라졌었지만, 2005년에 한강 물을 끌어다 대어 지금의 청계천으로 다시 태어난 거야."

"와, 신기해요. 선생님! 한양은 아직도 서울 속에 그대로 남아 있는 것 같아요."

곽두기가 큰 눈을 깜박거리며 외쳤다.

육조 거리 · 운종가 · 개천

 한양에는 누가 살았을까?

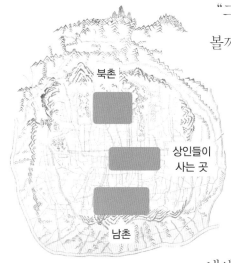

"그럼 한양 곳곳에는 어떤 사람들이 살았는지도 알아 볼까? 새 수도 한양에 제일 먼저 들어와 살기 시작한 사람들은 양반 관리들이었어. 궁궐에 자주 드나들어야 했던 이들은 경복궁에서 가까운 곳에 터를 잡았지. 높은 관리들이 모여 살던 이 지역을 한양의 북쪽 지역이라고 해서 '북촌'이라고 불렀단다."

용선생이 지도에서 청계천 북쪽을 가리켰다.

"햐, 임금님에서부터 높은 관리들까지 다 이 동네에 살았네요? 엄청난 동네였네."

"그리고 경복궁 남쪽으로는 통역 일을 하는 역관이나 환자를 치료하는 의관, 그림을 그리는 화원 등의 기술직 관리나 구실아치들이 살기 시작했어. 이들도 관청으로 출퇴근을 해야 했으니까 궁궐이나 육조 거리에서 가까운 곳에 살았던 거야."

"그럼 한양에는 관리들만 살았던 거예요?"

"그럴 리가 있겠니? 한양이 수도로서 자리를 잡아 갈수록 한양에 모여드는 사람들도 점점 많아졌어. 청계천 주변에는 장사를 하는 상인들이 모여 살게 됐지. 역시 상점들이 모여 있는 운종가와 가까운 곳에 살아야 했기 때문일 거야. 또 청계천 건너 남쪽으로는 그

밖에 일반 백성들이나 노비들이 살게 되었고."

"듣고 보니 신분이 낮을수록 궁궐에서 멀리 떨어져 산 거네요!"

지도를 열심히 들여다보던 나선애가 고개를 번쩍 들며 말했다.

"대체로는 그 말이 맞아. 하지만 꼭 신분이 낮은 사람들만 궁궐에서 먼 곳에 산 건 아니야. 저 너머 남산 보이지? 옛날엔 목멱산이라고 불렀는데 그 아래엔 가난한 선비들이 모여 살았어. 조용하고 물을 구하기 좋은 동네라서 선비들이 틀어박혀 글을 읽기 좋았거든. 그래서 '남산골 샌님'이란 말도 생겨난 거래. 세상 물정 모르고 책이나 읽으면서 자존심만 강한 사람들을 비꼬는 말이지. 자, 이제 내려가서 경복궁에 들러 볼까?"

곽두기의 국어사전

선비
지식이 있고 교양도 갖춘 사람을 가리키는 말이야. 선비는 벼슬에 연연하지 않고 인격과 학문을 닦았어.

 ## 조선 왕조의 중심, 경복궁

얼마 뒤, 산책로를 내려온 용선생과 아이들은 경복궁 근정전 앞마당에 섰다.

"궁궐은 왕과 그 가족들의 집인 동시에 왕이 신하들과 함께 나랏일을 처리하는 곳이야. 왕과 그 가족들이 생활하는 공간은 궁궐의 뒤쪽에, 왕과 신하들이 나랏일들을 의논하고 결정하는 공간은 궁궐의 앞쪽에 자리하고 있지. 이 건물은 경복궁의 중심이라고 할 수

근정전 경복궁에서 가장 높고 웅장한 건물이야. 이곳 앞마당에서 중앙의 관리들이 참석하는 조회가 열렸어. 국보.

용선생 현장 강의

떠나 보자!
경복궁 투어

있는 근정전이야. 가까이 가서 건물 안을 볼까?"

밖에서 볼 때는 2층처럼 보이던 건물을 안에서 보니 천장이 높다란 1층 구조였다. 정면에 자리한 높다란 왕좌와 그 앞으로 널찍하게 마련된 신하들의 자리가 한눈에 들어와 엄숙한 분위기를 자아내고 있었다.

"괜히 떨리는 기분이네……."

"저기 왕이 앉아 있으면 함부로 쳐다보지도 못할 것 같아."

아이들이 목소리를 낮추어 소곤거렸다.

"절로 위엄이 느껴지는 곳이지? 근정전은 나라의 중요한 의식들을 치르던 곳이야. 새해가 밝으면 이곳에서 신하들이 임금께 인사를 올렸고, 외국의 사신이 찾아오면 이곳에서 맞이했어. 왕의 즉위식이나 세자 책봉식, 왕가의 혼례식도 이 자리에서 치렀고. 자, 이제 사정전으로 가 보자."

"근정전, 사정전이란 이름은 무슨 뜻이에요?"

용선생을 따라 걸음을 옮기며 나선애가 물었다.

"응, 경복궁의 건물들에 이름을 붙인 것도 정도전이었대. '근정(勤政)'은 나라를 다스리는 일을 부지런히 하라는 뜻이고, '사정(思政)'은 깊이 생각하며 바른 정치를 하라는 뜻이야. 여기가 사정전이란다."

역시 왕좌를 중심으로 신하들의 자리가 양편에 마련되어 있는 사정전은 근정전에 비해 좀 더 아늑한 공간이었다.

"사정전은 왕이 나랏일을 보던 곳이야. 이곳에서 조선의 왕들은 신하들과 함께 중요한 정책들을 의논해 결정하고, 크고 작은 업무들을 처리했어. 또 틈틈이 공부도 했어."

용선생의 말에 영심이 뜬금없다는 듯 되물었다.

"공부요? 왕이 공부는 왜 해요?"

"왜 하긴! 백성들을 잘 다스리는 훌륭한 왕이 되기 위해서 했지. 왕의 공부를 경연이라고 불

사정전 내부
왕이 신하들과 나랏일을
의논하고, 공부하던
곳이야. 흔히 '편전'
이라고 해. 보물.

경복궁에 한번 가 볼까?

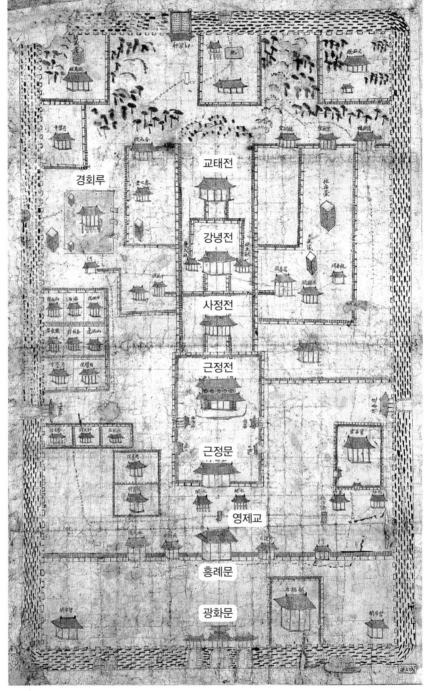

교태전

경회루

강녕전

사정전

근정전

근정문

영제교

흥례문

광화문

〈북궐도형〉 19세기 말에 제작된 경복궁 건물 배치도야. 경복궁은 동궐(창덕궁)이나 서궐(경희궁)에 비해 북쪽에 있어서 '북궐'이라 불리기도 했어.

광화문 경복궁의 정문이야. '빛이 사방을 덮고, 감화가 사방에 미친다'는 뜻이지. 광화문에는 총 세 개의 문이 있는데, 가운데 문은 왕만 드나들 수 있었어.

흥례문 광화문 안으로 들어서면 바로 보이는 문으로, '예로 흥하다'는 뜻이야. 근정전까지 가려면 첫 번째 광화문, 두 번째 흥례문, 세 번째 근정문을 지나야 해.

영제교 흥례문을 지나면 돌다리(영제교)와 개울(금천)이 나와. 궁궐은 왕이 사는 곳이므로, 다리와 개울을 만들어 그 경계를 표시했어.

강녕전 내부 왕이 휴식을 취하고, 잠을 자던 건물이야. 주위에는 작은 건물이 4채가 더 있는데 왕이 암살의 위협 때문에 이곳을 옮겨 다니며 잠을 잤어.

교태전의 후원 왕비를 위해 만든 계단식 정원이야. 정원에는 굴뚝(보물)이 있는데, 벽면마다 꽃과 글자로 문양을 새겨 넣어 아름답게 꾸몄어.

경회루 넓은 연못 가운데 섬을 만들고 그 위에 세운 누각 건물이야. 외국 사신을 접대하거나 나라에 좋은 일이 있을 때 큰 연회를 열던 곳이었어. 연못에서 뱃놀이도 했대. 국보.

러. 경연에는 당대 최고로 꼽히는 학자들이 참여해서 왕과 함께 책을 읽으며 강의와 토론을 했어. 토론 주제는 학문적인 내용에 머물지 않고 당장 눈앞에 놓인 문제들로 연결되곤 했지. 왕은 경연에서 공부만 한 게 아니라, 신하들과 더불어 수시로 중요한 나랏일들에 대해 생각을 나누고 서로 설득하며 의견을 모으는 과정을 거쳤던 거야."

"그럼 마음대로 해도 되고 안 해도 되는 공부가 아니었네요?"

"경연을 없애 버린 왕도 있긴 해. 하지만 조선 왕들은 거의 대부분 경연을 일상적으로 했어. 너무 춥거나 너무 더운 계절을 빼고는 아침, 점심, 저녁 하루에 세 번 날마다 경연에 참여한 왕도 있었어."

근정전 앞마당　바닥에 커다란 고리가 있지? 햇볕이나 비를 가려 줄 차일(장막)을 칠 때 사용한 고리야.

"어휴, 왕이 그렇게 공부를 많이 해야 되는 줄은 상상도 못했네."

장하다가 혀를 내둘렀다.

아이들이 다시 근정전 앞마당으로 돌아 나오자 짹짹거리는 참새 소리가 맑은 하늘을 울리고 있었다. 용선생이 새삼 이리저리 둘러보며 아이들을 불렀다.

"얘들아, 참 아름다운 곳 아니니? 건물들이나 조각상들만이 아니야. 저기 궁궐 지붕의 선과 그 뒤로 보이는 인왕산

과 북악산 줄기를 봐. 꼭 처음부터 함께 있었던 것처럼 조화로워 보이잖아. 이렇게 자연과 조화를 이루는 것이 조선 궁궐의 특징이었어. 그뿐이 아니야. 여기 바닥에 깔린 돌판들은 화강암이야. 화강암은 다듬기에 따라서 얼마든지 매끈하게 만들 수 있지. 그런데 이렇게 울퉁불퉁하게 만들어 놓은 데는 이유가 있대. 만약 바닥이 매끈하면 햇빛이 반사되어 눈이 부실 거 아냐? 또 비가 오면 빗물이 반질반질한 바닥 위에 흘러서 가죽신을 신은 관리들이 미끄러져 넘어지기 일쑤였겠지. 그래서 일부러 이렇게 돌을 거칠게 다듬었다는 거야. 또 바닥이 울퉁불퉁하니까 신하들이 아무리 바빠도 뛰어다닐 수가 없어서 자연스럽게 몸가짐을 조심하게 되었고."

"이 돌바닥에 그렇게 많은 뜻이 들어 있다고요?"

지붕의 잡상들
지붕 끝을 보면 작은 조각상이 늘어서 있는데 이걸 잡상이라고 해. 손오공, 삼장 법사, 저팔계 등으로, 잡귀를 물리치고 건물을 지키는 일을 해. 중요한 건물일수록 잡상을 더 많이 세웠어.

품계석 근정전
앞마당에는 비석처럼
생긴 돌들이 좌우 12개씩
모두 24개가 놓여 있어.
1품에서 3품까지는
정(正), 종(從)을 구분해서
12개의 품계석을,
4품에서 9품까지는 정,
종을 구분하지 않고
12개의 품계석을 세웠어.

아이들이 신기한 듯 새삼스런 눈길로 주변을 둘러보았다. 그때 곽두기가 드문드문 세워진 비석들을 보고 쪼르르 달려갔다.

"선생님! 여기 글자가 있어요! 이쪽엔 정7품, 또 이쪽엔 정6품!"

"그건 신하들의 벼슬 등급을 적은 '품계석'이야. 이 근정전 앞마당에 문관과 무관 등 신하들이 모일 때는 벼슬 등급에 따라 줄을 지어 서야 했거든. 그때 이 품계석을 보고 자기 자리를 찾는 거지."

용선생의 말이 끝나자마자 장하다가 정7품 품계석 뒤로 폴짝 뛰어들며 "나는 장 대감이오! 에헴!" 하고 능청을 떨었다. 그러자 왕수재도 은근슬쩍 정6품 품계석으로 다가섰다.

"야! 너 숫자가 작을수록 높은 벼슬이라는 거 모르지? 나는 정6품 왕 대감이오!" 왕수재는 장하다를 바라보며 잔뜩 으스대며 말했다. 그러자 장하다가 용수철처럼 몸을 띠용띠용~ 튕기면서 재빨리 정5품 품계석으로 몸을 옮기며 말했다.

"이보시오, 대감들! 우리 그만 용 임금님을 모시고 떡볶이 회식이나 가는 게 어떻겠소?"

장하다의 너스레에 아이들은 물론 용선생까지 "좋소!" 하고 입을 모았다.

나선애의 정리노트

1. 한양으로 수도를 옮긴 이유

- 풍수지리상으로 좋은 자리: 고려 때도 '남경'이라 불리면서 제2의 수도 역할을 했다.

- 자연적인 요새: 산으로 둘러싸여 있어서 적이 침입을 해도 쉽게 막아 낼 수 있다.

- 한반도의 중앙: 육로와 수로를 통해 전국 곳곳으로 쉽게 통할 수 있어 편리했다.

2. 4대문의 이름과 뜻 정도는 기본!

인 ⟶ 흥인지문(동대문): 인을 흥하게 한다.

의 ⟶ 돈의문: 의를 북돋운다.

예 ⟶ 숭례문(남대문): 예를 높인다.

지 ⟶ 숙정문: 엄숙하게 다스린다.

신 ⟶ 보신각: 신을 널리 퍼뜨린다.

3. 경복궁

① 광화문: 경복궁의 정문

② 흥례문: 광화문과 근정문 사이의 중문

③ 근정전: 나라의 큰 행사를 치르던 곳

④ 사정전: 왕의 집무실

⑤ 강녕전: 왕의 침실

⑥ 교태전: 왕비의 침실

⑦ 경회루: 연회가 열렸던 곳

용선생의 역사 카페

역사계의 슈퍼스타,
용선생의 역사 카페에
오신 걸 환영합니다

Log in

게시판 ∨

📄 역사가 제일 쉬웠어용!
📄 이제는 더~ 말할 수 있다!
📄 필독! 용선생의 매력 탐구
📄 전교 1등 나선애의 비밀 노트

조선의 5대 궁궐

최초의 궁궐인 경복궁이 완성된 후로 여러 개의 궁궐이 지어졌어. 궁궐에서 생활하는 인구가 늘어나서 궁궐이 비좁아지거나, 궁궐이 불타는 바람에 새로 짓게 된 거지. 그렇게 짓기 시작한 궁궐은 모두 5개나 되었어. 그럼 '5대 궁궐'을 하나씩 살펴볼까?

창덕궁

조선의 두 번째 궁궐로, 1405년(태종 5년)에 완성되었어. 임진왜란 때 경복궁과 함께 불타 버렸다가, 광해군 때 다시 지어졌어. 창덕궁 뒷편엔 '후원' 또는 '금원'이라 불리는 유명한 정원이 있어. 궁궐 뒤쪽에 있어서 '후원', 왕실 관계자 외에 출입을 금한다고 해서 '금원'이라 불렀어. 창덕궁은 유네스코 세계 문화유산으로 지정되었어.

창경궁

1484년 성종이 자신의 어머니, 작은어머니, 할머니를 모시기 위해 지었어. 그래서 생활 공간이 잘 지어진 데 반해, 신하들이 일을 보는 공간은 많지 않아.

경운궁

임진왜란 때 궁궐이 모두 불타 버리자, 지금의 정동 일대에 임시로 궁궐을 만들었어. 창덕궁이 다시 지어져 왕실이 옮겨간 후 2백여 년 동안 비어 있다가, 고종이 황제로 즉위하면서 대한 제국의 으뜸 궁궐로 삼았어. 고종 말기에 궁 이름이 덕수궁으로 바뀌었어.

창덕궁 인정전

창덕궁 후원의 애련지

경희궁

광해군의 이복동생인 정원군의 집이 있던 곳이야. 이곳에 왕의 기운이 서려 있다는 이야기를 믿은 광해군이 집을 헐고 궁궐을 지었어. 무려 1,500칸이나 되었다지. 그러나 정작 경희궁에서 지내게 된 사람은 광해군을 내쫓은 인조(정원군의 아들)였어. 지금은 건물이 거의 남아 있지 않아.

경운궁 중화전

 COMMENTS

🧑 허영심: 우아, 이렇게 많은 궁궐을 누가 다 청소하고 관리했을까요?

↳ 🧑 용선생 : 그래서 궁의 일을 보는 여성들과 남성들을 따로 뽑았지. 그런 사람들을 여자는 궁녀, 남자는 내시라고 불렀어. 특히 궁녀는 일평생을 궁궐에서 보내야 했어. 10대가 되기 전 궁궐에 들어와 일을 배운 후 20대 때는 '나인', 30대 때는 '상궁'이 되었어.

한국사 퀴즈 달인을 찾아라!

 출발!

01 ★★☆☆☆

한양 지도를 펼쳐 봤더니, 구멍이 뻥뻥 뚫려 있어서 이름을 알아볼 수가 없어. 누가 빈칸 좀 채워줘!

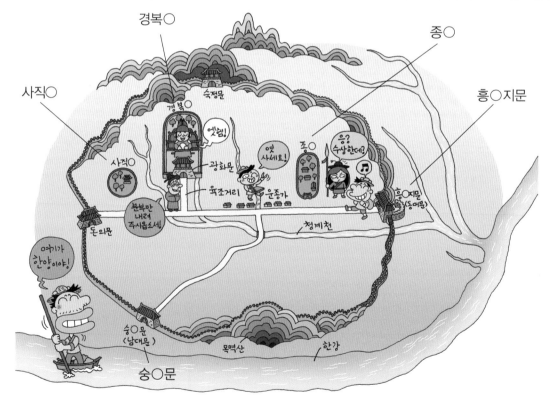

03 ★★★★★

태조 이성계가 수도를 옮겼어. 밑줄 그은 '이곳'의 장점으로 옳지 않은 것은 무엇일까?
(   )

> 태조 이성계: 이곳으로 수도를 옮기겠다.

① 예로부터 풍수지리상으로 좋은 곳이었다.
② 북쪽에 한강이 흘러 물건을 운반하기 좋았다.
③ 육지를 통해 전국 곳곳으로 쉽게 통할 수 있었다.
④ 산으로 둘러싸여 적이 침입을 해도 쉽게 막아낼 수 있었다.

04 ★★★★☆

왕수재가 경복궁에 관한 퀴즈를 만들고 있어. 그런데 착각을 했는지 틀린 문장이 있네. 몇 번이 틀렸을까? (   )

① 광화문은 경복궁의 정문이야.
② 근정전은 경복궁에서 제일 높은 건물이래!
③ 사정전은 왕이 신하들과 나랏일을 보던 곳이야.
④ 강녕전은 왕의 침실, 교태전은 왕비의 침실이야.
⑤ 경회루는 왕의 즉위식이나 세자 책봉식, 혼례식을 치르던 곳이야.

02 ★★☆☆☆

왼쪽에 한양의 지명이 있고, 오른쪽엔 그에 대한 설명이 있어. 근데 제멋대로 흐트러져 있잖아? 예쁘게 선을 그어서, 제 짝을 찾아 주자고!

① 육조 거리 •

• ⓐ 높은 사람들의 말을 피하는 길이라는 뜻.

② 청계천 •

• ⓑ 많은 상점이 있는 거리. '사람들이 구름처럼 많다'는 뜻.

③ 피맛길 •

• ⓒ 중요한 관청들이 늘어서 있던 거리.

④ 운종가 •

• ⓓ 한양 사람들의 생활 하천.

• 정답은 291쪽에서 확인하세요!

태조 이성계의 뒤를 이어 조선을 이끌어 간 왕은 태종이었어.
그 사이에 정종이 있긴 했지만,
잠시 왕위에 올랐을 뿐 이렇다 할 자취를 남기지 못했지.
조선의 세 번째 왕인 태종이 나라의 기반을 튼튼히 다져 놓은 덕에
이후 조선은 차근히 발전해 나갈 수 있었지.
하지만 태종이 왕위에 오른 과정은 그리 순탄하지 못했어.
그럼 지금부터 그가 어떻게 왕이 되었는지 알아보자.

1394
한양에
궁궐을 짓기
시작하다

1차 왕자의 난이
일어나다

태종이
즉위하다

육조 직계제를
실시하다

세종이
즉위하다

집현전을
설치하다

1398

1400

1414

1418

1420

〈일월오봉도〉

조선 왕조의 기초를 다지다

✔ 알고 있는 용어에 체크해 보자!

- [ ] 태종
- [ ] 왕자의 난
- [ ] 육조
- [ ] 8도
- [ ] 호패법

"두기야, 왜 그러고 있어? 어디 아프니?"

책상 위에 축 늘어져 있는 곽두기를 본 용선생이 걱정스럽게 물었다. 말이 없는 곽두기 대신 허영심이 조심스레 대답했다.

"두기 오늘 기분이 별로예요. 부모님께 엄청 혼났대요."

장하다가 "뭘 그 정도 갖고 그래?" 하며 두기의 어깨를 쿡쿡 찔렀다. 두기는 그제야 시무룩하니 입을 열었다.

"선생님, 저 동생이랑 같이 못 살겠어요. 만날 저만 괴롭히고, 제 물건도 마음대로 다 가져가요. 근데도 엄마랑 아빠는 무조건 동생한테 다 양보하래요. 너무해요. 힝……."

두기는 다시 생각해도 분한지 눈물까지 그렁그렁한 채 입을 앙다물었다. 용선생이 두기의 얼굴을 가만히 들여다보았다.

"이제 보니 두기가 이방원하고 똑같은 고민을 하고 있었네?"

"네? 이방원이요?"

"그래! 태조 이성계의 아들 이방원 말이야."

"그럼…… 이방원도 동생 때문에 속상해 했나요?"

"속상하기만 했게? 아주 속이 바짝바짝 타 들어 갈 정도였지!"

용선생이 칠판에 커다란 글씨로 '왕자의 난'이라고 썼다. 곽두기는 고인 눈물을 훔치며 몸을 일으켜 세웠다.

왕위를 둘러싸고 벌어진 왕자의 난

"태조 이성계에게는 여덟 명의 아들이 있었어. 이방원은 그중 다섯째였지. 문제는 태조의 뒤를 이을 세자를 정하는 데서부터 시작됐어. 태조가 다 큰 왕자들을 제쳐 두고 열 살짜리 어린 막내인 이방석을 세자로 삼았거든."

"원래 큰아들이 세자가 되는 거 아닌가요?"

"맞아, 선애야. 장남이 왕위를 물려받는 게 관례에 맞는 일이지. 하지만 첫째 부인이 세상을 떠난 뒤로 둘째 부인인 신덕 왕후를 몹시 아꼈던 태조는 그녀가 낳은 아들을 세자로 삼았어. 신하들이 나서서 반대할 법도 한 일이었지만 다들 잠잠했지. 당시 신하들 중에서 제일 목소리가 큰 사람은 물론 태조를 도와 조선을 세운 정도전이었어. 그런데 정도전은 조선을 왕 중심의 나라가 아니라 재상 중

 나선애의 개념 사전

재상
종2품 이상의 높은
관리들을 말해.

심의 나라로 만들고 싶어 했어. 그래야 이상적인 나라를 이룰 수
있다고 믿었거든. 그러니 강한 왕권을 휘두를 만한 인물이 세자
가 되는 것보다는 어린 왕자가 세자가 된 것이 차라리 잘된 일이라
고 여겼어. 게다가 태조의 큰아들은 나랏일이나 왕위에는 별 관심
이 없었어. 날마다 술이나 마시면서 세월을 보내다 얼마 뒤에는 세
상을 떠나고 말았지. 막내가 세자로 책봉되자 제일 불만이 컸던 건
이방원이었어. 정몽주를 죽여 가면서까지 태조가 조선을 세우는
일에 발 벗고 나섰는데 이제 와서 아버지가 그 공을 모른 척하니,
보통 화가 나는 게 아니었지. 주변에서도 장남을 세자로 삼을 게
아니라면 당연히 이방원이 세자가 되어야 마땅한 일 아니냐며 수
군거렸어. 사실 이방원이 왕자들 중에서 제일 뛰어난 인물이기도
했거든."

"정말 화가 났겠네요!"

자기 이야기라도 되는 듯 쌔근거리며
두기가 목소리를 높였다.

"하지만 이방원은 속으로만
분을 삼키고 겉으로는 전혀 티
를 내지 않았어."

"네? 왜요! 억울하잖아
요!"

신덕 왕후 강씨

태조

첫째 방우

넷째 방간

다섯째 방원

여덟째 방석

"섣불리 나섰다간 영영 임금의 자리 근처에도 갈 수 없을 테니까. 대신 이방원은 조용히 자기편을 끌어모으면서 힘을 키웠어. 6년 동안이나 말이야. 그리고 1398년 8월의 어느 날 밤, 마침내 엄청난 사건을 일으키고 말지! 이름하여 왕자의 난!"

잔뜩 겁을 주는 용선생의 무시무시한 말투에 곽두기는 침을 꼴깍 삼켰다.

"그날 태조는 몸이 아파 앓아누워 있었어. 바로 이때다 싶은 이방원은 미리 모아 둔 군사들과 함께 무기를 들고 나섰어. 그의 첫 목표는 다름 아닌 정도전이었어. 정도전은 이방원이 다른 마음을 품고 있다는 것을 알아채고는 줄곧 경계하고 있었으니까. 이방원은 곧장 정도전부터 찾아가 죽이고는 그동안 자신의 반대편에 섰던 신하들도 하나씩 찾아내 죽였어."

"네? 정도전을 죽여요?"

"어머, 태조가 가만히 있지 않을 텐데……."

"그래, 마땅한 이유를 대지 못한다면 뒷감당을 할 수가 없겠지. 이방원은 태조에게 이렇게 이유를 설명했어. 정도전과 몇몇 신하들이 세자의 안전을 위해서라는 핑계로 다른 왕자들을 모두 죽이려는 음모를 꾸몄다, 그래서 하는 수 없이 먼저 그들을 쳤다, 이렇게 말이야."

"태조가 그 말을 믿었어요?"

나선애가 얼굴을 찌푸리며 걱정스런 목소리로 말했다.

"믿든 안 믿든 소용없었어. 이미 중요한 자리에 있던 신하들을 다 죽이고 자기편 신하들을 앞세워 자신은 떳떳하다고 이야기하니, 그냥 알았다고 하는 수밖에. 이방원은 막내 동생을 세자의 자리에서 내쫓고 대신 자신의 둘째 형 이방과를 세자로 세웠어."

이때 왕수재가 "잠깐요!" 하며 용선생의 말을 가로막았다.

"왜 형한테 세자 자리를 내주죠? 어차피 속마음이 이미 다 드러났잖아요."

"그렇게 간단하진 않아. 이방원은 난을 일으키면서 장남이 왕위를 잇는 것이 당연한 일인데 애초에 세자 책봉이 잘못되었다고 했거든. 그래 놓고 자기가 넙죽 세자가 될 순 없잖아. 이미 태조의 장

남은 죽은 뒤였으니 그 다음인 둘째가 세자가 된 거야. 그런데 사건은 거기서 끝이 아니었어. 세자였던 막내 왕자는 궁궐에서 나오자마자 죽임을 당했어. 바로 그 위 왕자도 마찬가지였고. 이방원 쪽에서 신덕 왕후의 아들 둘을 모두 죽여 버린 거야. 혹시라도 그들한테 왕위를 빼앗길 일이 없도록 확실히 손을 써 둔 거라고 할까?"

"히익……! 그래도 동생들인데, 다 죽었단 말이에요?"

장하다가 놀랍다는 듯 중얼거리고 곽두기는 입을 쩍 벌린 채 아무 말도 못하고 있었다.

청계천 광통교
태조는 신덕 왕후가 세상을 떠나자 도성 안에 능을 만들어 주었어. 그러나 이방원은 그녀의 능을 도성 밖으로 옮겨 버렸고, 능의 석재들은 돌다리(광통교)를 쌓는 데 사용하게 했어. 사진 속의 석물(무덤 앞에 세우는 돌)과 병풍석(능을 보호하기 위해 세운 돌)이 그 흔적이야. 사적.

노세 노세~
젊어서
노세~

둘째 방과

다섯째 아들 이방원, 임금이 되다

"아들들끼리 죽고 죽이는 모습에 충격을 받은 태조는 순식간에 이빨 빠진 호랑이가 되었어. 이방과는 세자가 된 지 단 8일 만에 태조로부터 왕위를 물려받았지. 그가 조선의 두 번째 임금, 정종이야. 하지만 방원이 억지로 왕위에 올린 정종은 힘없는 왕이었어. 왕위에 있던 기간은 2년 2개월이었는데, 그동안 주로 사냥을 하거나 격구라는 공놀이를 하며 지냈대."

"하긴, 괜히 왕 노릇 하려고 들었다간 이방원한테 무슨 일을 당할지 모르죠."

"안됐다. 그렇게 지내다가 동생한테 왕위를 넘긴 거로군요?"

아이들의 말에 용선생이 고개를 저었다.

"아니, 또 다른 사건이 기다리고 있었어. 모든 일이 이방원의 생각대로만 굴러가진 않았거든. 이방원의 위로는 아직 셋째와 넷째 형이 있잖아? 셋째 형은 왕위에 전혀 욕심이 없었기에 상관없었지만 넷째 형 이방간은 생각이 달랐지. '나라고 왕이 되지 말란 법

스페어 처리는 확실히!

제2차 왕자의 난

있나?' 싶었던 거야. 그러던 중에, 이방원에게 불만을 품고 있던 부하 한 명이 이방간을 찾아갔어. 그리곤 이방원이 그를 의심하고 있는 것 같다고 고자질을 했지. 궁지에 몰렸다고 느낀 이방간은 결국 이방원을 겨누고 군사를 일으켰어. 2차 왕자의 난이 벌어진 거지."

"꼭 그래야 되는 거예요? 같은 형제끼리 누가 왕이 되면 어떻다고? 하여튼 그놈의 권력이란 게 뭔지……."

장하다가 투덜거리자 왕수재가 "원래 부모 형제도 몰라보게 하는 게 바로 권력이란 거거든!" 하며 어깨를 으쓱했다.

"이방원도 사람들의 그런 시선이 부담스러웠을 거야. 그는 지난번 자신이 일으킨 1차 왕자의 난 때와는 달리 조심스럽게 행동했어. 형과 맞서 싸우면서도 군사들에게 형을 절대 해치지 말라고 했다지. 그런

꽝!

정도전   남은   이숙번
    방석
박포 방간   방번

제1차 왕자의 난

데, 사실 양쪽의 싸움은 애초에 게임이 되질 않았어. 이방간의 군사들은 제대로 힘도 못 써 보고 뿔뿔이 흩어졌고, 이방간은 도망치다가 붙잡혔어. 이방원은 형을 살려 주었지. '배다른 동생들을 모두 죽이더니, 이번엔 친형까지 죽이는구나!' 하는 소리는 듣고 싶지 않았을 테니까."

"뭐야, 그럼 이방원의 힘만 더 세졌겠네."

허영심이 못마땅한 표정으로 중얼거렸다.

"그랬지. 이 일이 있고 나서는 이방원에게 걸릴 것이 없어졌어. 결국 정종은 왕위에서 물러나고, 이방원이 그 뒤를 이어 조선의 3대 임금이 되었지. 그가 바로 태종이야."

아이들이 너도나도 휴 한숨을 내쉬었다.

"한편, 태조는 아들들을 잃은 슬픔과 태종에 대한 노여움에서 헤어나지 못했어. 그래서 툭하면 궁궐을 떠나 이리저리 떠돌며 마음을 달랬지. 태종은 아버지가 가는 곳마다 사람을 보내 문안을 여쭈었대. 아버지의 인정을 받아야 자신이 왕위에 오른 게 조금이라도 떳떳해질 테니까. 하지만 태종이 못내 괘씸했던 태조는 이를 비웃듯이 거처를 옮겼대. 한번은 태조가 고향인 함흥에서 한 달가량 머문 일이 있었는데 이때 '함흥차사'라는 유명한 말이 생겨나기도 했어. 함흥차사란 심부름을 가서 돌아올 때가 지나서도 오지 않는 사람을 뜻하는 말이야. 태조가 함흥에 있을 때 아들이 보낸 신하, 즉 차사가 오면 모두 죽여 버렸기 때문에 이런 말이 생겨났다고 전해져. 정말 그랬던 건 아니지만 말이야."

"그런 사람이 왕이 됐으니 이제 조선은 큰일 났네요!"

"맞아. 백성들이라고 동생들을 죽이고 왕이 된 사람을 믿고 따르고 싶었겠어?"

걱정스런 표정으로 주거니 받거니 하는 아이들에게 용선생이 알 수 없는 말을 했다.

"글쎄, 그건 더 지켜보는 게 좋을걸?"

왕권을 강화하고 나라의 기초를 다진 태종

"아마 당시에도 너희처럼 태종에 대해 수군거리는 사람들이 있었을 거야. 또 불만을 품고 있는 반대 세력들도 남아 있었을 테고. 그렇다면 그들 중에서 누군가 다시 군사를 모아 난을 일으키지 말란 법도 없겠지? 그래서 태종은 왕위에 오르기 직전에 사병부터 없애 버렸어. 사병이란, 지위가 높은 사람들이 자기 밑에 거느리는 병사를 가리키는 말이야. 사병을 없애 버렸으니 이제 창칼을 들고 싸움을 하는 병사들은 모두 나라의 소속이 된 거야."

"군사들을 이용해서 왕위에 오르는 건 자기가 마지막이다, 이거군요?"

나선애가 팔짱을 낀 채 비꼬듯 말했다.

"그런 셈이긴 한데, 이 문제는 좀 다른 각도에서 이해할 필요가 있어. 태종이 사병을 없앤 것은 왕권을 튼튼히 세우기 위한 준비 작업이었어. 태종은 왕권이 강해야만 정치가 안정되고 나라가 평화로워진다고 여겼어. 정도전이 재상 중심의 정치를 꿈꾸었던 것과는 큰 차이가 있었지. 그는 왕위에 오른 뒤에도 왕에게 도전하려 드는 이들을 가려내 엄하게 처벌했어. 뿐만 아니라, 당장은 큰 문제가 되지 않더라도 앞으로 왕권을 위협할 수 있다고 생각되는 세력이 눈에 띄면 아예 싹을 잘라 냈어. 자신이 왕위에 오르는 걸 도운 공으로 권세를 얻은 신하들은 물론, 왕비의 동생들까지 죄다 몰아내 버렸지."

"왕비의 동생들은 왜요?"

"왕의 처가, 그러니까 왕비의 집안을 '외척'이라고 불러. 그런데 역사적으로 보면 외척들이 권력을 쥐고 정치를 망치는 일이 종종 있거든. 특히 태종의 큰아들인 세자 양녕 대군은 어려서 외가에서 자랐기 때문에 외삼촌들을 무척이나 잘 따랐어. 태종은 나중에 세자가 왕위에 오르면 외척들의 권력이 커질 거라고 여기고 처음부터 그런 가능성을 없애고자 한 거야."

아이들은 떨떠름한 표정으로 고개를 끄덕거렸다.

"이렇게 주변 정리를 마친 태종은 정치가 왕을 중심으로 굴러갈 수 있도록 정치 기구도 새로 정비했어. 고려 때부터 있었던 도평의사사를 없애고 새로 의정부를 만들었지. 의정부는 조선 최고의 관청으로, 나라 안의 중요한 정책들은 모두 의정부의 논의를 거쳐 왕에게 전달되었어. 최고의 벼슬인 영의정, 좌의정, 우의정의 세 정

〈일월오봉도〉
강력한 왕권을 상징하는 그림으로, 왕이 앉는 자리(왕좌)의 뒤쪽에 설치했어. 해와 달, 다섯 개의 봉우리가 그려져 있어.

승이 모두 의정부에 속했지. 의정부가 모든 분야의 주요 정책을 다루는 곳이었다면 육조는 각 분야별로 일을 나누어 실무를 처리하던 부서들이었어."

"응? 저번에도 육조 나오지 않았어요?"

"맞아, 영심아! 지난 시간에 배운 육조 거리가 바로 이·호·예·병·형·공, 여섯 개의 관청이 자리한 거리였지. 그런데 태종은 정치 기구를 정비하는 데 그치지 않고 의정부와 육조, 그리고 왕의 관계를 다시 한번 정리했어. 육조에서 중요한 사안들을 모아 의정부에 보고하면, 의정부에서 이를 논의한 뒤 다시 왕에게 보고하던 체계를 허물고, 육조에서 왕에게 직접 보고를 하도록 한 거야. 처음에는 의정부가 나랏일을 꽉 잡고 있었다면 이제는 육조 각 관청들이

육조	업무	현재(2022년 기준)
이조	관청들을 감독하고 문반을 임명했어.	행정안전부
호조	인구를 조사하고 세금을 거두는 등 재정을 관리했어.	기획재정부
예조	의례와 제사, 잔치, 사신 접대, 외교, 과거 등을 담당했어.	교육부, 외교부
병조	무반을 임명하고 각종 군사 업무를 담당했어.	국방부
형조	재판과 형벌을 담당했어.	법무부
공조	도로와 다리를 건설하고 산림과 수자원, 도자기 제작 등을 관리했어.	국토교통부

그 권한을 나누어 갖게 된 거지. 육조에서 올린 보고를 왕이 직접 챙기고 결정하니, 왕권이 더욱 강해지는 것은 물론이었고. 결국 태종은 신하들의 권력이 한 군데 집중되지 않도록 흩어 놓고, 왕권은 더욱 확고히 세운 거야."

"왕권 강화, 아주 확실했군요."

왕수재가 막 공책에 받아 적은 내용을 훑어보며 말했다.

"중앙의 정치 기구를 다듬었으니, 지방도 정리해야겠지? 태종은 전국을 평안도, 함길도, 황해도, 강원도, 경기도, 충청도, 전라

함흥+길주
함길도

평양+안주
평안도

길주○

함흥○

○안주

평양○

황주+해주
황해도

○황주

해주○

강릉+원주
강원도

한성+한성권처
경기도

강릉○

○원주

한성

○충주

경주+상주
경상도

충주+청주
충청도

○청주 ○상주

경주○

전주+나주
전라도

○전주

○나주

제주

도, 경상도의 8도로 나누었어. 그때 생긴 도 이름을 지금도 우리가 쓰고 있는 거지. 그리고 각 지역을 다스릴 관리도 왕이 직접 임명해서 내려 보냈어. 각 도 아래에는 크기에 따라 부·목·군·현을 두었는데, 그곳을 다스리는 관리를 수령이라고 해. 수령을 '사도'라고도 하는데, 우리가 흔히 알고 있는 '사또'가 바로 이 수령을 말하는 거야. 그리고 각 도에는 이들 수령을 감독하는 관찰사를 두었어. 또 호패법을 만들어서 16세 이상의 남자들에게 모두 호패를 지니도록 했지. 신분에 따라서 다르게 생긴 호패에 언제 태어났는지, 이름은 무엇이고 어디에 사는지 적어서 차고 다니도록 하는 거야. 호패법을 만든 가장 큰 이유는 백성들이 세금을 잘 내고 군역, 그러니까 군대에 갈 의무를 잘 지키도록 하기 위해서였어. 세금이나 군역이 부담스러운 백성들 중에는 이를 피하려고 호적 장부에도 자기 이름을 올리지 않는 경우가 꽤 있었거든. 하지만 호패를 차고 다니게 하고 수시로 검사를 하면, 그러기가 쉽지 않겠지? 또 호패

호패 사진 속의 호패는 모두 양반의 것이야. 맨 오른쪽 호패에는 '신재묵 을유생 갑인 무과'라고 적혀 있어. 신재묵이라는 사람이 을유년에 태어나서 갑인년에 무과에 급제했다는 걸 알 수 있지.

이름

과거 급제 연도

과거 종류

출생 연도

만 보면 그 사람이 누구인지가 금방 드러나니, 나라에서 신분 질서를 확립하는 데도 도움이 되었겠지."

"호패란 게 지금으로 치면 주민등록증하고 비슷한 거네요."

"그렇지! 자, 어떠냐? 이렇게 이것저것 손보고 나니 나라를 다스리기가 훨씬 쉬워졌을 것 같지 않니?"

용선생이 묻자, 아이들은 절로 고개를 끄덕거렸다.

"그렇겠네요."

"한 일은 참 많네."

"왕권을 강화하고 여러 제도들을 개혁해 조선의 기틀을 마련하자 조선 사회는 안정되기 시작했어. 이런 과정이 없었다면 어쩌면 한글이 태어나지 못했을지도 몰라."

"갑자기 한글이 왜 나와요?"

장하다가 뜬금없다는 듯 묻는데 왕수재가 책상을 땅! 쳤다.

"다음 임금이 세종이잖아! 세종이 한글을 만들 수 있던 건 나라가 안정되었기 때문이라는 거죠?"

"잘 맞혔어. 그렇지 않고 또 왕위 싸움이 벌어지고 나라가 시끄러우면 세종이 어느 틈에 한글을 만들 수 있었겠어?"

기분이 좋아진 왕수재가 "아~ 왜 난 늘 하나를 들으면 열을 아는 거지!" 하며 으스댔다.

 ## 셋째 아들 충녕 대군에게 왕위를 물려주다

숭례문 현판 양녕 대군이 썼다고 알려져 있어. 양녕 대군은 시도 잘 짓고 서예에도 능했다고 해.

"그런데 수재야, 세종은 태종의 몇째 아들일까?"

"그야 장남이었겠죠! 태종은 옛날부터 장남이 왕위를 물려받아야 하는 거라고 했다면서요?"

왕수재가 자신만만하게 답했지만, 용선생은 손을 저었다. 곧바로 나선애가 다시 답했다.

"셋째 아들 충녕 대군이었어요!"

"딩동댕! 그럼 충녕 대군이 원래 세자가 아니었다는 사실도 알고 있겠네?"

"원래 세자는 양녕 대군이었는데 하라는 공부는 안 하고 놀기만 좋아하다 결국 쫓겨났어요."

"맞아. 태종에겐 네 명의 아들이 있었어. 첫째 양녕 대군은 어려서 세자로 정해졌어. 둘째인 효령 대군은 불교에 깊이 빠져 있었지. 셋째인 충녕 대군은 책 읽기를 좋아하고 착실해서 늘 주변에서 칭찬하는 소리가 자자했대. 막내는 열네 살 때 그만 죽고 말았지. 양녕 대군은 어려서부터 공부보다는 사냥이나 활쏘기를 더 좋아해서 태종을 걱정시켰지만, 세자의 자리를 14년 동안이나 지켰어. 태종은 왕자들 사이의 왕위 다툼이 얼마나 무서운 것인지 그 누구보다 잘 알고 있었지. 그래서 장남이 왕위를 잇는 원칙을 확실히 세워서 다시는 그런 비극이 일어나지 않도록 하고 싶었어. 그런데 양녕 대군이 갈수록 해도 해도 너무하는 거야. 특히 예쁜 여자를 너무 좋아해서 말썽이 잦았어. 그러다 태종의 귀에 들어가기라도 하면 세자를 가르치는 대신들이 벌을 받고, 세자를 모시는 내시들은 매를 맞거나 궁 밖으로 쫓겨나야 했어. 세자도 매번 반성문을 올리

고 용서를 빌었지만 그건 잠시뿐, 아버지의 화가 풀리면 곧바로 예전과 같은 생활로 돌아가곤 했어. 결국 태종은 양녕 대군이 왕이 되기에 적합하지 않다는 판단을 내렸어."

"그럼 책 읽기 좋아하는 충녕 대군이 세자가 됐나요?"

"맞았어, 영심아. 1418년, 태종은 양녕 대군을 세자의 자리에서 물러나게 하고, 셋째 충녕 대군을 새로운 세자로 삼았어.

'천성이 총명하고 학문을 좋아하며, 다스림의 핵심이 무엇인지 알고 있다.'

태종이 충녕 대군을 세자로 삼으면서 했던 말이래. 그리고 불과 두 달 만에 충녕 대군에게 왕위를 물려주었지. 조선의 네 번째 임금, 세종은 이렇게 해서 왕이 된 거야. 태종은 왕위에서 물러난 뒤에도 한동안 군사권을 쥐고 나라의 중요한 일을 맡아서 처리했어. 세자로 지낸 기간이 짧은 세종이 천천히 임금 수업을

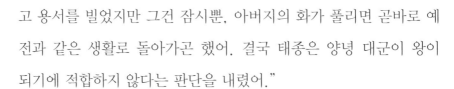

관악산 연주대 연주는 '왕을 그리워한다'는 뜻이야. 세자의 자리에서 쫓겨난 양녕 대군이 이곳에 앉아 그리운 대궐을 바라보았다는 전설이 전해지고 있어.

할 수 있는 시간을 벌어 주고, 왕권도 더욱 튼튼히 다져 준 셈이지."

"그럼, 만약 양녕 대군이 그렇게 놀고 다니지만 않았으면 세종은 없었을지도 모르겠네요?"

"그렇게 되는구나. 양녕 대군이 일부러 아버지의 눈 밖에 날 짓만 골라 해서 충녕 대군에게 왕위를 양보한 거라는 이야기도 있어. 하지만 이건 아마 세종을 높이 떠받들다 보니 생겨난 이야기가 아닌가 싶어. 세자 시절이나 나중에나 양녕 대군의 행동은 변함이 없었거든. 하지만, 태종이 자기 형제들과는 비극적인 관계를 맺었던 것과는 달리 그의 아들들은 평생 우애 좋게 지냈대."

황희(1363~1452) 황희는 양녕 대군이 왕위를 이어야 한다고 주장하다가 끝내 관직에서 쫓겨났어. 맏아들이 왕위를 이어야 나라가 안정된다는 생각 때문이었지. 황희는 이후 세종의 부름을 받고 20여 년 동안 정승을 지냈어.

그때 갑자기 곽두기의 입에서 "히유~" 하는 긴 한숨 소리가 비어져 나왔다.

"두기야, 왜 그래?"

"정말 다행이에요. 전 또 끔찍한 왕자의 난 같은 게 일어나면 어떻게 하나 조마조마했어요."

두기의 말에 용선생은 빙그레 미소를 지었다.

"참! 너도 동생 때문에 죽겠다며? 왕자의 난, 아니 두기의 난이라도 일으켜서 동생을 콱 내쫓아 버리든가!"

장하다가 짐짓 험악한 표정을 지어 보이자, 두기가 깜짝 놀라 두 손을 내저었다.

"뭐? 싫어, 난! 그냥 내 동생이랑 잘 살 거란 말야!"

곽두기가 펄쩍 뛰는 모습에 아이들이 키득거렸다.

"우리 두기가 다시 동생이랑 사이좋게 지내기로 했다니 정말 잘 됐구나. 자, 다음 시간엔 세종 시대로 가 보자. 이 선생님이 오랜만에 너희에게 수업에 참여할 기회를 줄 테니 그렇게 알도록!"

아이들은 이게 무슨 소린가 싶었지만, 용선생은 아이들이 뭐라고 말할 틈도 없이 성큼성큼 걸어 나갔다. "기대해도 좋아!"라는 말을 남긴 채.

나선애의 정리노트

1. 왕자의 난

	누가?	무엇을?	그래서?
1차 왕자의 난 (1398년)	이방원	세자이자 동생인 방석과 정도전을 제거함	태조 이성계가 왕위를 둘째 이방과에게 물려줌
2차 왕자의 난 (1400년)	이방간	이방원 제거를 시도하지만 실패함	정종이 왕위를 이방원에게 물려줌

2. 태종이 왕권 강화를 위해서 한 일은?

- 사병을 모두 폐지함
- 외척들을 제거함
- 육조에서 왕에게 직접 보고를 하게 함
- 전국을 8도로 나누고 지방 관리들을 직접 임명함
- 호패법을 만듦

3. 호패란?

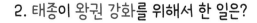

- 16세 이상의 남자들이라면 모두 갖고 있어야 하는 것
- 신분에 따라서 재질이나 크기가 달랐음
- 지금의 주민등록증과 비슷
- 세금을 걷고, 국방의 의무를 질 사람을 관리하기 위해 만들었음

게시판 ⌄

📄 역사가 제일 쉬웠어용!
📄 이제는 더~ 말할 수 있다!
📄 필독! 용선생의 매력 탐구
📄 전교 1등 나선애의 비밀 노트

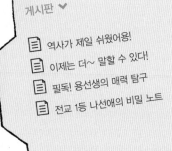

조선의 기록 문화, 《조선왕조실록》

《조선왕조실록》은 태조부터 철종까지 472년간에 걸친 25대 임금의 일을 기록한 책이야. 국보이자 유네스코 세계 기록 유산으로도 지정되었어. 472년의 역사를 기록하려다 보니 그 양만 1,894권 888책이나 돼.

《조선왕조실록》을 만든 이유는, 왕이 나라를 잘 다스리기를 바랐기 때문이야. 왕이 어떤 말을 하고 어떤 행동을 했는지 영원히 기록이 남는다면 나랏일을 더 잘하려고 노력하지 않겠어? 자, 그럼 《조선왕조실록》이 어떻게 만들어지고 보존되었는지 알아보자.

첫째, 죽어라 기록한다. 항상 왕 곁에는 기록을 하는 관리가 있었어. 이 관리를 '사관'이라고 해. 사관은 보고 듣는 대로 적었기 때문에 왕들이 두려워한 존재였어. 사냥하길 좋아한 태종은 자꾸 사관들이 졸졸 쫓아다니면서 기록을 하니까 몰래 사냥을 다녔다고 해. 그러던 어느 날 노루를 쫓다가 그만 말에서 쿵 떨어져 버렸어. 꽤 아팠을 텐데, 태종이 정신을 차리자마자 한 말이 "이 일을 사관이 알지 못하게 하라"였대. 근데 사관은 태종이 그런 말을 했다는 사실까지 고스란히 기록했어.

둘째, 왕도 함부로 보지 못한다. 이렇게 사관들이 기록한 것은 왕이 죽은 다음에 실록으로 만들어졌어. 그러니까 태종이 죽은 다음에 《태종실록》이 만들어진 거야. 근데 사관의 기록이나 실록은 왕이라 해도 절대로 볼 수가 없었어. 세종도 아버지 태종에 대한 기록을 좀 보자고 했다가 신하들의 반대로 포기했지. 신하들이 반대하는 이유는 명쾌했어. '왕이 자꾸 보자고 하면, 역사를 똑바로 쓸 수 없다'는 것이었지. 만약 세종이 말에서 떨어져 창피를 당한 태종의 기록을 봤다면, 삭제하고 싶었겠지?

셋째, 목숨 걸고 지킨다. 실록이 불타거나 없어지면 큰일이기 때문에 서울의 춘추관, 충주, 성주, 전주에 1부씩 보관했어. 근데 임진왜란이 일어났을 때 대부분의 실록이 불에 타고 말았어. 다행히도 전주에 있는 실록은 전주 사람인 안의, 손홍록이 지게에 지고 날라서 불타지 않았어. 실록을 읽어 보고 싶은 사람은 이 사이트(sillok.history.go.kr)로 들어가 보시길!

《조선왕조실록》

 COMMENTS

🙎 나선애: 1,894권 888책? 책이 1,894권이라는 건가요? 그럼 888책은 뭐죠?

↳ 🍵 용선생 : 사실은 그 반대야. '한 권'이 '한 단원'이란 뜻이었거든. '한 책'은 요새 말하는 '한 권'이고, 이해가 가니? 예를 들어 《용선생의 시끌벅적 한국사》는 총 10권이고 75개의 단원으로 이루어져 있는데, 이걸 조선식으로 읽으면 '75권 10책'이 되는 거야.

한국사 퀴즈 달인을 찾아라!

01 ★☆☆☆☆

조선의 왕을 순서대로 정리해 보자. 이 정도는 식은 죽 먹기지?

1대 왕	2대 왕

3대 왕	4대 왕

| 태종 | 정종 | 태조 | 세종 |

02 ★☆☆☆☆

태종은 전국을 몇 개의 도로 나누었을까?
(   )

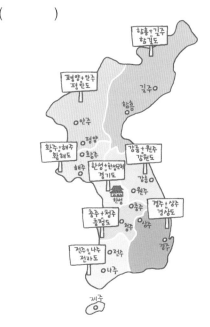

① 5도　　　　② 6도
③ 7도　　　　④ 8도

 ★★★☆☆

태종이 왕권을 강하게 만들기 위해 한 일이 아닌 것은? (   )

① 사병 없애기
② 의정부에서 논의한 후에 왕에게 보고하기
③ 외척 제거하기
④ 호패법 실시

 ★★★☆☆

동그라미를 친 부분이 보이니? 이곳에는 조선 최고의 관청도 있었고, 각 분야별로 일을 나눠서 처리하던 관청도 있었어. 여기에 해당되는 관청들의 이름은 뭘까? (   )

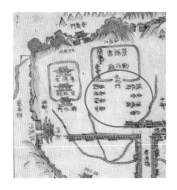

① 이정부 – 육조   ② 의정부 – 오조
③ 의정부 – 육조   ④ 의장부 – 오조

도착!

 ★★★★★

장하다가 태종에 대해 조사를 했어. 빈칸에 들어갈 내용으로 옳지 않은 것은 무엇일까?

(   )

> **태종의 지방 제도 개혁**
> 태종은 왕권을 강화하기 위해 중앙의 정치 기구를 다듬었다. 뿐만 아니라 지방 제도도 개혁했는데, ☐☐☐☐☐☐☐

① 전국을 8도로 나누었다.
② 각 도에 수령을 감독하는 관찰사를 두었다.
③ 각 지역을 다스릴 수령을 직접 임명해 내려 보냈다.
④ 과전법을 실시해 관리에게 지급할 토지에 대한 기준을 새로 세웠다.

• 정답은 291쪽에서 확인하세요!

4교시

세종 시대의 빛나는 유산들

건국 초기의 번잡함이 잦아들고 서서히 제자리를
잡아 가던 조선은 세종의 시대를 거치며 한층 발전하게 됐어.
이 시대에는 학문과 문화, 기술, 국방 등
여러 분야에서 많은 성과들이 쏟아져 나왔단다.
훈민정음을 비롯해 이 시대의 다양한 유산들이
오늘날까지 이어져 내려오고 있지.
과연 어떤 것들일까? 또 어떻게 빚어진 성과일까?

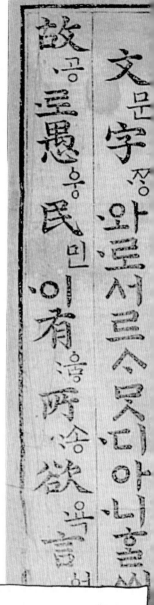

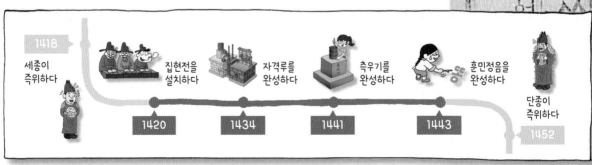

1418 세종이 즉위하다

1420 집현전을 설치하다

1434 자격루를 완성하다

1441 측우기를 완성하다

1443 훈민정음을 완성하다

1452 단종이 즉위하다

〈훈민정음 언해본〉

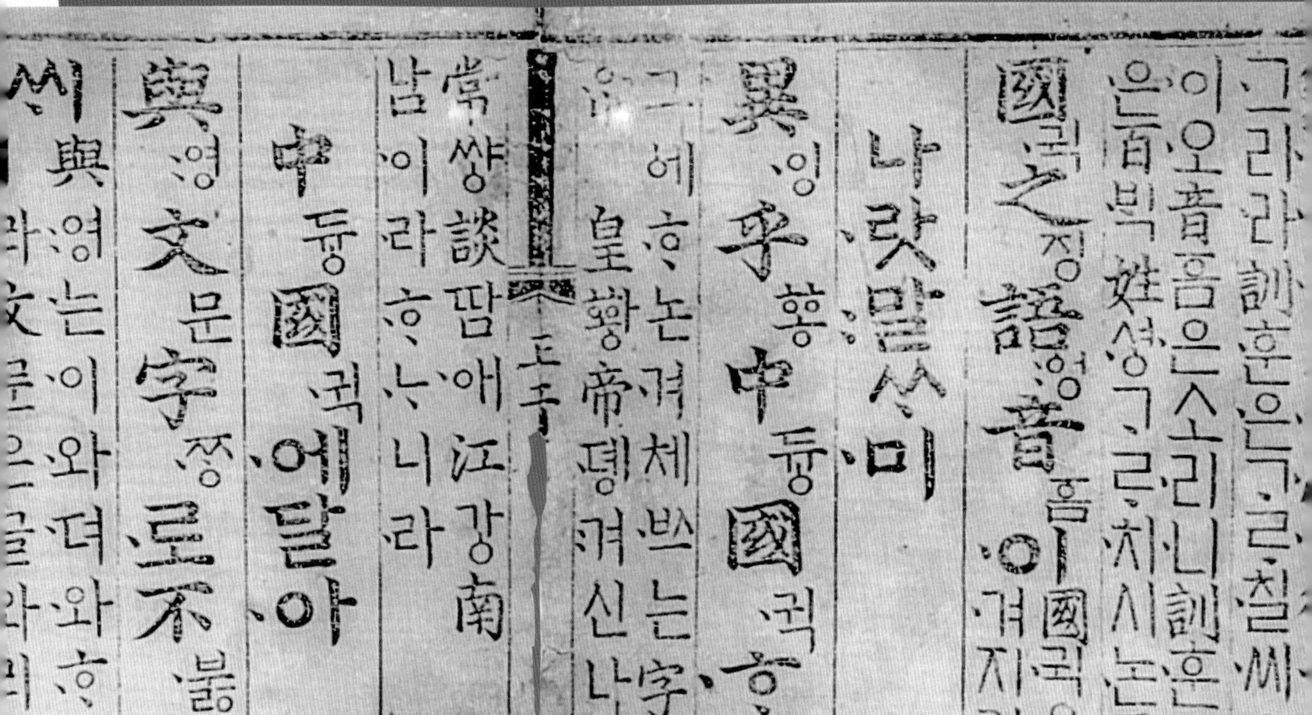

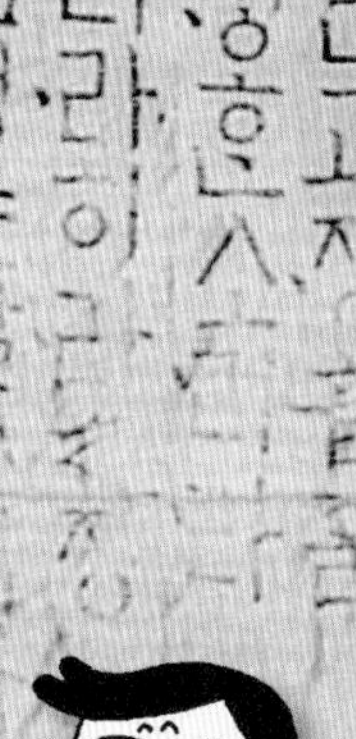

나·랏:말·ᄊᆞ·미

中듕國·귁·에 달·아

·ᄊᆞ與:영文문字·ᄍᆞᆼ·로

國·귁之징語:어音흠·이

異·잉乎홍中듕國·귁·ᄒᆞ·야

與:영文문字·ᄍᆞᆼ·로 不·붏相샹流륳通통·ᄒᆞᆯ·씨

·그·라 訓·훈은 ·ㄱ·ㄹ·칠·씨·오 民민·은 百·빅姓·셩·이·오 音흠은 소·리·니 訓·훈民민正·졍音흠·은 百·빅姓·셩 ᄀᆞᄅ·치·시·논 正·졍호 소·리·라

國·귁은 나·라히·라 之징·는 입·겨지·라 語:어·는 말·ᄊᆞ미·라

異·잉·는 다·ᄅᆞᆯ·씨·라 乎홍·는 아·모그에·ᄒᆞ논 겨·체·ᄡᅳ·는 字·ᄍᆞᆼ ㅣ·라 中듕國·귁·은 皇황帝·뎽:겨신 나·라히·니 우·리나·랏 常썅談땀·애 江강南남·이·라·ᄒᆞᄂᆞ니·라

與:영·는 이·와·뎌·와·ᄒᆞ·는 겨·체·ᄡᅳ·는 字·ᄍᆞᆼ ㅣ·라 文문·은 글·와리·라 不·붏·은 아·니·ᄒᆞ논·ᄠᅳ디·라 相샹·은 서르·ᄒᆞ논·ᄠᅳ디·라 流륳通통·은

이메일을 확인하던 장하다는 용선생으로부터 온 이메일 한 통을 발견했다. '쉿! 역사반 미션 전달!'이라는 알 수 없는 제목의 이메일이었다.

받은 편지함				
답장	전체 답장	전달	삭제	스팸 처리

★쉿! 역사반 미션 전달!
보낸 사람 : 멋쟁이 용선생
받는 사람 : 장하다

하다야! 다음 역사 수업 시간에는 세종 시대에 대한 발표 수업을 하기로 했다.
네가 준비할 주제는 국방이니, 왜구 정벌과 4군 6진, '사대교린' 의미에 대해 조사해서 발표하도록!

'엥? 발표 수업? 설마 진짜로 발표를 시키시는 건 아니겠지?'

장하다는 시큰둥한 표정으로 이메일을 마저 읽었다. 발표 순서며 자료를 조사하는 방법 등이 꽤 자세하게 적혀 있었다. 용선생이 정말로 발표 수업을 시킬 셈이라는 것이 분명해질수록 장하다의 표정은 어두워졌다. 하지만 마지막 줄에서 갑자기 장하다의 눈이 번쩍 뜨였다.

> 참고로, 발표를 잘하는 사람에게는 꿈의 파라다이스~ ★자유 이용권★을 쏜다. 이상!

'응? 꿈의 파라다이스…… 자유 이용권? 그럼 내가 최고로 좋아하는 놀이공원?'

상상의 나래를 펼친 장하다는 허공에 주먹을 내지르며 "오예!"라고 환성을 질렀다.

세종, 전문가의 시대를 열다

"다들 발표 준비를 잘해 왔니?"

용선생이 손바닥을 쓱쓱 비비며 묻자 아이들은 "얼마나 힘들었는데요!", "엄청 고생했어요!" 하며 웅성거렸다.

"근데 선생님, 진짜로 그 자유 이용권 주시는 거예요?"

장하다가 묻자 용선생이 대답 대신 봉투를 척 꺼내 보였다.

"그럼, 여기 다 준비해 놨지!"

그러자 언제 투덜거렸냐는 듯 아이들의 얼굴이 한꺼번에 환해졌다.

"발표 전에 먼저 세종에 대해 간단히 이야기해 보자. 너희도 알다시피 세종 시대에는 참 많은 업적들이 쌓였어. 도대체 세종은 어떻게 그 많은 일들을 할 수 있었을까?"

오늘만큼은 세계 최고의 우등생이 되겠다고 작정한 장하다가 냉큼 손을 들었다.

"저요! 워낙 훌륭한 분이었으니까요!"

세종(1397~1450) 세종은 어렸을 때부터 지독한 책벌레였어. 아버지 태종은 아들이 병이 날까 걱정이 돼서 밤에는 글을 읽는 것을 금지할 정도였어.

"물론 그랬지. 세종은 역사와 경제, 언어, 과학, 음악 등 다양한 분야에 깊은 학식을 지니고 있었대. 하지만 아무리 뛰어난 사람이라도 몸이 열 개, 스무 개가 아니고서야 어떻게 그 많은 일들을 다 했겠니?"

그러자 나선애가 생글생글 웃으며 손을 들었다.

"알았어요! 혼자서 다 할 수 없으니 다른 신하들의 도움을 받은 거죠."

"바로 그거다. 세종은 인재를 아주 잘 활용했던 왕이야. '인재가 길에 버려져

있는 것은 나라를 다스리는 사람의 부
끄러움이다!' 이런 생각을 가지고 있던
세종은 능력이 뛰어난 사람이라면 신분
도 가리지 않고 뽑아 썼어. 각 분야의
일을 가장 잘할 수 있는 사람에게 맡기
고 그 일에만 전념할 수 있도록 지원해
주는 것, 그게 바로 세종이 여러 분야에
서 두루 큰 발전을 일굴 수 있던 비결이야."

만 원권 지폐 화폐는 나라를 대표하는 것이라서 나라의 상징이
될 만한 인물을 넣는 경우가 많아. 세종은 1960년에 화폐 인물로
처음 선정된 후 계속해서 화폐 인물로 선정되었어.

"흠, 여러 분야의 전문가한테 일을 맡기는 거군요?"

이번엔 왕수재가 말했다.

"그렇지! 그냥 맡겨 두기만 한 게 아니라 일을 맡은 신하가 자신
의 온 능력과 열정을 다해 최고의 결과물을 내도록 이끌었어. 세종
의 눈높이가 어느 정도였는지는 《고려사》를 편찬한 과정을 보면 알
수 있어. 세종은 태조 때 쓰인 《고려사》에 잘못된 부분이 많다며 신
하들에게 다시 쓰도록 했어. 그런데 신하들이 아무리 공을 들여도
세종은 만족하지 못했어. 이 부분은 이래서 부족하고, 저 부분은
저래서 다시 검토해야 한다며 여러 번에 걸쳐 수정하도록 했지. 결
국 《고려사》는 세종이 죽은 뒤에야 완성을 할 수 있었어. 또 공부를
좋아했던 세종은 경연도 무척 자주 열었는데, 제아무리 최고의 학
자들이라도 세종에게 '공부를 게을리한다'는 잔소리를 듣곤 했대."

"아주 깐깐한 임금님이셨구나."

장하다의 말에 용선생이 빙그레 웃음을 지었다.

"그렇다고 세종이 신하들을 몰아세우기만 한 것은 아니야. 세종은 신하들과 토론을 즐겨한 왕으로 알려져 있어. 학문 토론만 한 것이 아니라 나랏일을 결정할 때도 늘 깊이 있는 토론을 거쳤지. 신하들이 왕의 생각에 반대할 때는 몇 번이고 자신의 주장을 설명하며 끝까지 신하들의 의견을 물었어. 그렇지만 반대 의견이 옳다는 결론이 나오면 왕의 힘으로 누르려 들지 않고 기꺼이 받아들였지. 이러니 신하들도 토론에 대충대충 참여하거나 스스로 맡은 일을 게을리할 수 없었겠지? 세종은 이렇게 신하들이 제 역할에 충실할 수 있도록 바탕을 다지는 한편, 신하들의 권한도 보장해 줬어. 태종이 나랏일을 처리할 때 육조에서 의정부를 거치지 않고 왕에게 직접 보고하도록 했던 것 기억하지? 세종은 이 제도를 다시 고쳐서 의정부가 육조의 보고를 받아 나랏일을 처리하는 데 앞장서도록 했어. 왕에게 집중되어 있던 권한을 신하들과 나누어 가진 거라고 볼 수 있지. 자, 그럼 세종 시대에 과연 어떤 일들이 벌어졌는지 발표를 시작해 볼까나? 먼저 세종이 특별히 가려 뽑은 인재들이 모여 있던 집현전에 대한 곽두기 학생의 발표입니다!"

용선생의 소개와 함께 잔뜩 긴장한 곽두기가 걸어 나왔다.

학문의 산실, 집현전과 학사들

　곽두기는 꾸벅 인사를 하고는 공책에 적어 온 내용을 읽기 시작했다. 이따금 떨리긴 했지만 또박또박한 목소리였다.

　"집현전은 젊고 똑똑한 인재들이 모여 공부하는 곳이었습니다. 집현전(集賢殿)이라는 이름도 '지혜로운 학자들이 모인 집'이라는 뜻이에요. 세종은 집현전 학사들이 학문 연구에 집중할 수 있도록 온갖 책들로 가득 찬 도서관을 지어 주는가 하면, '사가독서(賜暇讀書)'라는 제도도 실시했습니다. 이 말은 '독서를 위한 휴가를 베푼다'는 뜻으로, 여기 뽑힌 신하는 다른 업무를 맡지 않고 공부에만 매달릴 수 있었습니다. 집현전의 학사들은 성리학, 역사, 천문, 지리, 의약 등 여러 분야에서 많은 연구 성과를 남겼습니다. 또 그들은 나라의 정책에 대해서도 연구하고, 나라에 어려운 일이 있을 때 임금이 해결 방법을 물으면 대책을 내놓는 역할도 했습니다. 집현전이 있었던 36년 동안 약 90명 정도의

〈성균관 친림 강론도〉 세종은 성균관 학생의 수를 100명에서 200명으로 늘려 많은 인재를 길러 냈어. 이 그림은 왕이 직접 성균관에 찾아가 학생들에게 강의도 하고 질문도 하는 장면을 그린 거야.

학사들이 이곳을 거쳤습니다. 성삼문, 신숙주, 정인지 등이 대표적인 집현전 학사입니다. 그중에서 신숙주와 세종 임금에 얽힌 일화가 있어서 적어 왔는데…… 알려 드릴까요?"

곽두기가 살며시 눈을 들어 아이들의 눈치를 살폈다. 그 귀여운 모습에 모두 큰 소리로 "네!" 하고 대답해 주었다.

"어느 날, 세종 임금이 밤늦도록 책을 읽고 있는데 어디선가 글 읽는 소리가 들려오더래요. 궁금해진 임금님이 사람을 보내 알아보니 신숙주가 혼자 집현전에 남아 책을 읽는 소리였대요. 기특히 여긴 임금님은 신하가 책을 읽고 있는데 임금이 먼저 잠자리에 들 수 없다며 계속해서 책을 읽었답니다. 글 읽는 소리는 새벽에야 끊어졌어요. 임금님이 살짝 집현전에 가 보니 신숙주는 책상 위에 쓰러져 잠들어 있었대요. 그리고 다음날 아침, 신숙주가 잠에서 깨어 보니 자기 몸에 임금님의 옷이 덮여 있었고, 감격한 신숙주는 눈물을 흘렸다는 이야기입니다."

경복궁 수정전 세종 때 집현전으로 사용한 건물이야. 학문을 연구하고, 왕에게 주요 정책을 자문하거나 건의하던 곳이지. 보물.

　발표를 마친 곽두기는 다시 꾸벅 인사를 하더니 저도 모르게 교실 문을 향했다. 그 모습을 본 아이들이 웃음을 터뜨렸고, 두기는 얼굴이 새빨개져 어쩔 줄을 몰랐다. 용선생이 달려가 "아이고, 귀여운 녀석! 아주 잘했다!" 하며 두기의 머리를 쓰다듬어 주었다.

 천문학의 발달과 뛰어난 발명품들

　다음 차례인 왕수재는 컴퓨터 화면을 통해 준비해 온 자료를 띄웠다.
　"흠, 제가 발표할 내용은 특별히 어려운 과학 분야니

허영심의 인물 사전

장영실(?~?)
아버지는 원나라에서
온 귀화인이고,
어머니는 기녀였어.
궁궐에서 일하다
세종 때 재주를
인정받아 명나라에서
천문 기구를 연구할
기회를 얻게 되었어.

까 정신 똑바로 차리고 잘 들어주기 바랍니다. 세종 시대에는 뛰어 난 발명품들이 많이 만들어졌습니다. 여기에는 정인지, 이순지 등 의 집현전 학사들과 장영실, 이천 같은 과학 기술자들의 노력이 컸 습니다. 특히 장영실은 천한 노비 출신이었지만 그의 능력을 높이 산 세종이 노비 신분에서 풀어 주고 벼슬까지 내려 주었죠. 덕분에 장영실은 여러 학자들이 설계한 기구들을 빼어난 손재주로 제작해 낼 수 있었습니다. 그럼 이 시대의 멋진 발명품들을 보죠. 우선 이 것은 앙부일구, 또 이건 자격루, 다음은 혼천의입니다."

수재가 여러 장의 자료 화면을 차례로 보여 주었다.

"앙부일구는 그림자의 위치로 시간을 나타내는 해시계입니다. 세 로줄에는 시간이 표시되어 있고 가로줄에는 절기가 표시되어 있 어서 달력의 기능까지 갖고 있는 시계였습니다. 그리고 이 자격루 는 자동으로 시간마다 종이 울리도록 한 물시계입니다. 그 원리 를 간단히 설명하면 이 위에 있는 통에 담긴 물이 긴 원통으로 흘

앙부일구(仰釜日晷) 하늘을 우러러보는[仰] 가마솥[釜]처럼 생긴 해시계[日晷]라는 뜻이야. 지름 24.3cm, 높이 10cm, 국립고궁박물관 소장. 보물.

휴대용 앙부일구 앙부일구를 가지고 다닐 수 있도록 작게 만든 거야. 가로 3.1cm, 세로 7.2cm, 높이 3.8cm, 서울역사박물관 소장. 보물.

자격루(自擊漏) 스스로[自] 종이나 북을 쳐[擊] 시각을 알리는 물시계야.

자격루의 구조

① 큰 항아리에 물을 부으면, 물이 일정하게 작은 항아리들을 지나서 기다란 항아리(수수호)로 떨어져.

② 수수호에 물이 차오르면 막대기가 조금씩 위로 떠오르면서 선반을 건드려.

③ 선반 위에 있던 작은 구슬이 떨어져 큰 구슬을 건드리고, 큰 구슬이 떨어지면서 첫 번째 지렛대를 누르면 인형이 종을 쳐.

④ 큰 구슬은 계속 떨어지면서 두 번째 지렛대를 누르면, 동물이 그려진 팻말을 든 인형이 튀어나와 시간을 알려줘.

작은 구슬
큰구슬
통로

큰 항아리
작은 항아리
살대
수수호

자격루, 지금 몇 시야?

참고 영상

러 들어가 물이 점점 더 많아질수록 구슬이 하나씩 굴러 나와 종이나 북, 징을 울리도록 하는 것입니다. 앙부일구는 백성들이 다니는 길가에 설치한 최초의 공중 시계였습니다. 원나라에서 자기네 해시계를 황제가 사는 궁궐 깊숙한 데 감춰 놓은 것과는 완전히 딴판이죠. 하지만 해가 쨍한 날이 아니면 앙부일구를 사용할 수 없었기 때문에 점점 날씨의 영향을 받지 않는 자격루가 더 널리 쓰이게 됐습니다. 다음, 혼천의는 별들의 움직임을 관찰해서 계절의 변화를 알 수 있도록 해 주는 천문 시계입니다. 또 다른 천문 관측 기구인 간의라는 것도 만들어졌는데요. 이렇게 관측한 천문 지식을 통해서 1442년에는 《칠정산》이라는 역법서도 만들어졌습니다. 그럼 넘어가서……."

이때 장하다가 "그래서 도대체 역법이 뭐라는 거야?" 하고 끼어

혼천의 '혼(渾)'은 '둥근 공'이란 뜻이야. 별자리의 각도를 재는 것으로, 태양과 달, 별들의 움직임을 한눈에 보여 주는 천문 관측 기구야.

간의 복잡한 혼천의를 간단하게 줄여 만든 천문 관측 기구야. 정밀도가 높아 혼천의의 결함을 보완해 주기도 했대.

들었다. 하지만 무슨 말인지 모르기는 왕수재도 마찬가지였다. 대답이 없는 수재 대신 부랴부랴 용선생이 나섰다.

"역법은 쉽게 말하면 달력을 만드는 방법이야. 그 전까지는 중국에서 만든 달력을 사용했는데 중국의 하늘과 조선의 하늘이 다르니까 잘 맞지 않았어. 예를 들면 달력에는 '낮의 길이가 제일 긴 날'이라고 쓰여 있는데 실제론 그날이 아니라 전날이거나 다음날인 거지. 이 문제를 해결하려면 우리만의 달력이 필요했겠지? 달력을 만들려면 해와 달, 그 밖에 여러 행성들의 움직임을 정확히 관측해야 해. 그 움직임에 따라서 계절이 바뀌고, 계절마다 해가 뜨고 지는 시간도 달라지는 거니까. 혼천의나 간의 같은 기구들이 바로 그 천체의 움직임을 정확히 관측해 내는 데 쓰였고, 그 결과에 바탕해 새로 만든 달력이 《칠정산》이었어. '칠정'이란 태양과 달, 수성, 금성, 화성, 목성, 토성을 말하지."

그제야 아이들이 "오호" 하며 고개를 끄덕였다. 다시 왕수재의 발표가 이어졌다.

"다음은 측우기입니다. 구리로 된 원통에 빗물을 받아서 비가 내린 양을 측정하는 기

《칠정산》 천문학 책으로, '칠정에 대한 계산'이란 뜻이야. 칠정은 태양과 달, 그리고 수성·금성·화성·목성·토성 등 다섯 행성을 가리켜.

측우기(測雨器) 빗물[雨]의 양을 정확하게 측정하는[測] 기구야. 1441년에 세계 최초로 만들어졌지. 측우기는 돌 위에 올려 사용했어. 높이 31.2cm, 국립기상박물관 소장. 국보.

수표 하천의 수위를 측정하는 기구야. 청계천과 한강에 설치했어. 높이 3m, 세종대왕기념관 소장. 보물.

이렇게 자로 재면 끝?

측우기

구인데, 이는 세계 최초의 강우량 측정 기구였습니다. 이 측우기는 나중에 문종 임금이 된 세자가 아이디어를 낸 것이었다고 합니다. 비가 올 때마다 궁궐 곳곳에 구덩이를 파고 빗물이 고이는 양을 지켜보던 세자가 구리 그릇에 빗물을 받아 그 양을 재는 실험을 했고, 나중에 호조에서 그와 비슷한 걸 설치해 달라며 왕에게 건의를 올렸다고 하네요. 에, 더 조사해 온 내용은 많지만 시간상 그만 끝내겠습니다."

왕수재가 자리에 앉자, 다시 용선생이 앞으로 나섰다.

"어려운 내용 맡아서 수고했다! 조금 덧붙일게. 수재가 설명한 발명품들은 모두 계절, 날짜, 시간, 날씨 등을 측정하기 위한 것들이

규표 왼쪽에 수직으로 세워진 막대가 '표'이고, 아래쪽에 수평으로 놓인 자가 '규'야. 막대의 그림자를 통해 시각을 알 수 있어.

풍기대 기둥(대)에 깃발을 달아서 바람의 방향과 세기를 가늠했어. 높이 224.3cm, 경복궁 소장. 보물.

일성정시의 해를 통해 낮의 시간을, 별자리를 통해 밤의 시간을 측정하는 시계야.

지? 이건 조선 사회의 근본인 농사와 큰 관련을 갖고 있었어. 농사를 잘 지으려면 시간과 날씨의 변화를 정확히 파악하고 그에 맞게 농사 일정을 꾸리는 일이 무엇보다 중요하니까. 세종 시대에는 이렇게 농사에 도움을 줄 수 있는 과학 기술이 발달하는 한편, 새로운 농사법을 개발해 퍼뜨리는 사업도 대규모로 진행되었어. 그 결과 곡식 생산량이 크게 늘었지. 그리고 측우기는 세금 제도를 개혁하는 데도 활용되었어. 당시 농민들이 세금으로 낼 곡식의 양은 그해 농사가 잘된 정도에 따라 정해졌는데, 그 기준이 뚜렷하지 않아 각 지역 수령들이 알아서 판단하도록 되어 있었어. 그러다 보니 누구는 수확량에 비해 많이 내고 누구는 적게 내는 문제가 생겼지. 세종은 세금의 양을 정하는 객관적인 기준을 만들어 이 문제를

해결하고자 했어. 땅의 질을 여러 등급으로 나누어 평가하고, 그해 농사가 풍년인지 흉년인지도 여러 등급으로 나누어 평가하려 한 거야. 이때 농사가 얼마나 잘되었는지를 판단하는 근거 중 하나가 바로 빗물의 양이었지. 참고로, 세금 제도를 개혁할 때 신하들이 찬성과 반대로 나뉘어 팽팽하게 맞섰대. 그러자 세종은 직접 백성들에게 물어보자고 하면서 무려 다섯 달 동안 17만 명의 백성들을 대상으로 여론 조사를 했다지. 결과는 찬성 쪽이 9만여 명으로 더 많았고, 그에 따라 세금 제도도 달라지게 되었어."

 ## 여러 분야의 책들이 쏟아져 나오다

뒤이어 나온 허영심은 커다란 전지 한 장을 조심스레 들고 나와 칠판 위에 붙였다. 전지는 색색의 글씨와 사진으로 정성스럽게 꾸며져 있었다.

"학문이 발전했던 이 시기에는 무척 많은 책들이 만들어졌어요. 《고려사》와 《고려사절요》 같은 역사책은 지나간 역사를 교훈 삼아 나라를 다스리는 기준을 세우는 데 중요한 역할을 했어요. 또 전국 각지를 고루 잘 다스리기 위해서는 지리 책도 꼭 필요했어요. 그래서 만든 것이 《팔도지리지》, 《세종실록지리지》 등 지리 책과 〈팔도

 **나선애의 개념 사전**

《세종실록지리지》
전국의 모든 고을을 조사해 만든 지리 책이야. 중앙에서 일정한 양식을 주고 고을의 자세한 내용을 기록하게 했지.

도〉라는 전국 지도였어요. 일상생활에서 성리학의 가르침을 지킬 수 있도록 안내하는 《삼강행실도》라는 책도 이때 나왔어요. 모범으로 삼을 만한 충신이나 효자, 열녀에 대해 그림을 넣고 설명을 붙인 책이에요. 즉, 조선 시대의 도덕책이죠. 참, 열녀라는 건 평생 한 남편을 섬기며 정조를 지킨 여자를 부르는 말이었대요. 한편 이 시대에 만들어진 책 중에는 백성들의 삶에 직접 도움을 주는 실용적인 책도 많았어요."

설명을 멈춘 영심이 전지에 붙여 놓은 《농사직설》과 《향약집성방》 사진을 가리켰다.

"우선 《농사직설》은 전국 각지의 농사 기술을 조사해서 그중 훌륭한 방법들을 한데 모아 놓은 책이에요. 아! 그리고 보니 아까 선생님이 세종 때 곡식 생산량이 크게 늘었다고 하신 이야기랑 큰 상관이 있는 책이겠네요. 여기에는 땅을 계속해서 기름진 상태로 관리할 수 있는 방법들이 소개되어 있어서, 덕분에 매년 거르지 않고 농사를 지을 수 있는 땅이 많아졌대요. 그 전까지는 한 해

《농사직설》 우리 땅과 기후에 맞는 농사법을 수집, 정리한 책이야. 책이 완성된 후 각 도의 2품 이상 관리들에게 나누어 주어 백성의 농사짓기를 지도하게 했대.

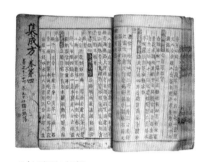

《향약집성방》 우리 땅에서 생산되는 약재인 '향약'을 집대성한 책으로, 총 85권 30책이야.

갑인자 금속 활자야. 갑인년(1434년)에 만들어서 '갑인자'라고 해. 이 활자를 하나하나 모아 종이 한면에 찍어 책을 만드는 거지. 한결 선명하고 아름답게 인쇄가 돼서 책을 읽기 좋았어.

농사를 지으면 땅의 영양분이 빠져 나가서 쉬어야 하는 땅이 많았대요. 《향약집성방》은 우리 땅에서 나는 약재들을 모아 소개한 책이에요. 그때까지 조선에서는 환자를 치료할 때 중국에서 들여온 약재를 쓰는 게 보통이었대요. 그런데 《향약집성방》이 나온 뒤로는 사람들이 쉽게 우리 땅에서 약재를 구할 수가 있었으니, 그만큼 백성들이 병을 치료하기가 쉬워졌겠죠?"

영심이 다시 전지에 붙인 갑인자 사진을 가리켰다.

"이렇게 책을 많이 만들면서 자연히 활자와 인쇄 기술, 또 종이 만드는 기술도 발달하게 되었어요. 이때 만들어진 금속 활자인 갑인자는 인쇄하기에 편리할 뿐 아니라 모양도 전에 비해 훨씬 아름다웠다고 해요. 그럼 제 발표는 이것으로 마치겠습니다."

허영심이 무릎을 살짝 숙여 인사한 뒤 자리로 돌아왔다.

"이야, 너무 멋지다! 직접 꾸민 자료에서 특히 정성이 돋보이는 발표였어!" 용선생이 활짝 웃으며 말했다.

훈민정음이 창제되다

다음 발표자, 나선애가 자료 뭉치를 들고 교탁 앞에 섰다.

"지금 우리가 사용하고 있는 한글이 조선 세종 때 만들어진 글자라는 것은 여러분도 잘 알고 있을 거예요. 한글은 처음에 훈민정음이라는 이름을 갖고 있었어요. 세종은 직접 앞장서서 훈민정음을 만들었다고 해요. 1446년 세종은 고생 끝에 만든 훈민정음 28자를 백성들 앞에 내놓으면서 이렇게 밝혔어요.

'우리의 말이 중국의 한자와는 뜻이 잘 통하지 않는 것이 많아 백성들이 말하고자 하는 내용을 제대로 표현할 수가 없다. 내 그것을 가엽게 여겨 새로 스물여덟 글자를 만드니, 누구나 쉽게 쓸 수 있도록 하고 이로써 백성들을 편안하게 하겠노라.'

훈민정음을 만들기 전에는 우리말을 적을 문자가 없었기 때문에

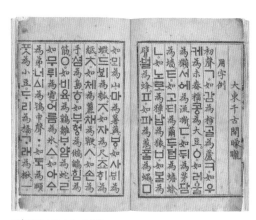

《훈민정음 해례본》 《훈민정음》이라고도 불러.
훈민정음의 원리와 그 쓰임을 자세히 설명하고 있어.
정인지·신숙주·성삼문·최항·박팽년 등 집현전
학자들이 세종의 명령으로 집필했대. 세로 23.3cm,
간송미술관 소장. 국보.

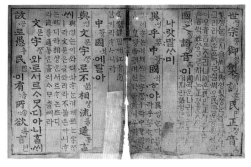

《훈민정음 언해본》 '언해'란 번역한다는 뜻이야.
한자로 쓰여진 《훈민정음》 중 일부를 훈민정음으로 번역한
글이지. 《월인석보》에 실려 있어.

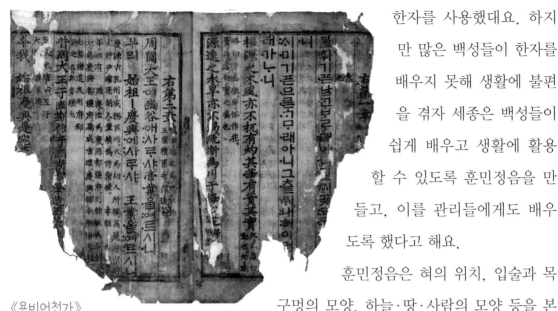

《용비어천가》
훈민정음으로 지어진
최초의 작품이야.
《용비어천가》에서 '용'은
'왕'을 뜻해. 세종의
선조들이 조선을 세우고
나라의 기틀을 다진
업적을 노래하며 기리고
있어. 《용비어천가》의
일부가 만 원권 지폐에
실려 있으니 한번 찾아
보길! 보물.

한자를 사용했대요. 하지만 많은 백성들이 한자를 배우지 못해 생활에 불편을 겪자 세종은 백성들이 쉽게 배우고 생활에 활용할 수 있도록 훈민정음을 만들고, 이를 관리들에게도 배우도록 했다고 해요.

훈민정음은 혀의 위치, 입술과 목구멍의 모양, 하늘·땅·사람의 모양 등을 본떠 만든 독창적이고 과학적인 문자입니다. 《세종실록》에는 '초성·중성·종성이 모여서 하나의 글자를 이루니, 거의 모든 소리를 글로 표현할 수 있다'라고 적혀 있대요. 그리고 집현전 학사들에게 훈민정음을 사용해서 책을 짓도록 하는가 하면 훈민정음을 쉽게 익힐 수 있는 방법도 연구하도록 했습니다. 훈민정음으로 쓰인 첫 번째 책은 《용비어천가》였어요. 6명의 조상들, 그러니까 목조, 익조, 도조, 환조, 태조, 태종의 업적을 칭송하는 내용이었죠. 훈민정음을 만든 데는 백성들의 생활을 편리하게 하려는 이유와 함께 백성들이 나라와 왕실을 더욱 믿고 따르도록 하려는 뜻도 있었음을 알 수 있어요. 또 세종은 신하들에게 이런 말을 한 적이 있어요.

'만약 《삼강행실도》를 훈민정음으로 옮겨서 백성들 사이에 퍼뜨리면 백성들이 모두 쉽게 깨달아서 충신과 효자, 열녀들이 무리로 나올 것이다.'

훈민정음이 백성들에게 도덕을 가르쳐 사회의 질서를 유지하는데 큰 도움이 될 거라고 여긴 거예요. 사실 훈민정음(訓民正音)이라는 이름부터가 '백성들을 가르치는 바른 소리'라는 뜻이에요."

곽두기가 살며시 손을 들더니 "그럼 이때부터 한글을 쓰게 된 거예요?" 하고 물었다. 나선애는 가져온 자료를 뒤적거리더니 이내 설명을 시작했다.

선조의 한글 편지 선조가 정숙 옹주에게 보낸 것으로 딸의 건강을 걱정하는 아버지의 마음이 담겨져 있어. 풀이하면 '글을 보았다. (얼굴에)돋은 것은 그 방이 어둡고 날씨고 흐리니 햇빛이 들면 내가 친히 보고 자세히 기별하마. 대강 약을 쓸 일이 있어도 의관과 의녀를 들여 대령하게 하노라. 걱정 마라. 자연히 좋아지지 않겠느냐'라고 써 있어.

"그건 아니었어요. 당시 신하들이나 양반들은 훈민정음을 쓰기를 꺼렸어요. 성리학 경전이며 역사책들을 공부하려면 꼭 한자를 알아야 했으니까요. 게다가 글을 읽고 쓸 줄 아는 것은 양반을 구별짓는 큰 특징 중 하나였어요. 그러니 양반들은 일반 백성들도 누구나 글을 알고, 또 그 글자를 양반도 같이 사용한다는 사실을 받아들이기 어려웠을 거예요. 하지만 익히기 쉽고 쓰기 편한 훈민정음은 시간이 지날수록 백성들 사이에서 널리 퍼져 나갔어요. 훈민정음이 나온 지 30여 년쯤 뒤인 성종 때에는 세종이 말했던 《삼강행실도》의 훈민정음본이 간행되었고요. 또 그로부터 30여 년 뒤에 나온 〈설공찬전〉이라는 소설도 훈민정음으로 번역되어 읽혔다고 해요. 왕실이나 양반가의 여인들도 훈민정음을 익혀 편지나 일기, 수필을 쓰기 시작했어요. 선조가 딸에게 보낸 편지나 숙종이 어머니에게 보낸 편지 등 임금이 쓴 한글 편지도 꽤 많이 남아 있어요. 후대로 올수록 《홍길동전》이나 《구운몽》처럼 양반들이 쓴 한글 소설도 많아졌고, 조선 후기가 되면 《춘향전》, 《심청전》, 《홍부전》 같은 한글 소설들이 백성들 사이에서 쓰이고 널리 읽히면서 큰 인기를 끌게 돼요. 물론 이때까지도 여전히 훈민정음은 여자들이나 쓰는 글자라며 얕잡아 보는 분위기가 컸어요. 하지만 거꾸로 생각하면 훈민정음이 아니었다면 여자들이나 일반 백성들이 공부를 하고 문학 작품을 읽고, 직접 창작할 수 없었을 거예요. 그러니까 훈민정음 덕에 우리 민족의 지적, 문화적 수준이 전체적으로 높아진 거라고 해야겠죠?"

"근데 훈민정음을 왜 한글이라고 하게 됐나요?"

이번에는 허영심이 물었다.

"아! 일제 강점기에 주시경 선생님과 조선어 학회에서 '한글'이라는 말을 쓰면서 널리 퍼지게 된 거래요. 당시 일본 말과 글을 억지로 배워야 하는 상황에서 우리 문자의 소중함을 절실하게 느낀 사람들은 한글을 다듬고 가꾸는 데 더욱 힘쓰게 되었대요. 말이 나온 김에, 10월 9일이 한글날이라는 것은 다들 알고 있죠? 그럼 발표를 마치겠습니다!"

나선애가 질문까지 받아 가며 여유롭게 발표를 끝내자, 아이들 사이에서 박수가 터져 나왔다.

"이야! 수고했어, 선애야! 다음은 마지막 발표, 장하다 학생!"

 나선애의 개념 사전

한글날
훈민정음 '반포'를 기념하는 날이야. 《훈민정음 해례본》에 나온 '9월 상한' 이라는 기록에 근거해 상한의 끝을 음력 9월 10일로 잡고 이를 양력 10월 9일로 환산한 거야.

남쪽 왜구를 정벌하고 북쪽 국경선을 긋다

씩씩하게 걸어 나온 장하다가 다짜고짜 목소리를 높였다.

"여러분! 고려 시대 때 우리나라를 괴롭히던 왜구들 기억나죠? 이 왜구들의 행패는 계속되었습니다. 세종이 왕위에 오른 직후에도 왜구가 충청도며 황해도 해안가에 나타나 우리 배에 불을 지르고, 식량을 빼앗아 가고, 사람들을 잡아 가두었습니다. 그래서 조선은 아예 왜구의 소굴인 쓰시마섬(대마도)을 쳐서 녀석들의 버릇을 고쳐 주기로 했습니다. 이 일을 책임진 것은 군사권을 쥐고 있던 태종이었다죠. 1419년, 태종의 명을 받은 이종무 장군이 1만 7천여 명이나 되는 군사들을 이끌고 쓰시마섬으로 쳐들어가서는 왜구들을 혼내 주었습니다. 속이 시원하죠? 으하하!"

이종무의 쓰시마섬 정벌

장하다가 웃어 젖히는 동안 용선생이 보충 설명을 해 주었다.

"얼마 뒤 왜에서는 조선에 사신을 보내 와서 왜구의 횡포에 대해 사과를 하고 무역을 하자고 정식으로 요청했어. 왜는 조선의 질 좋은 생활

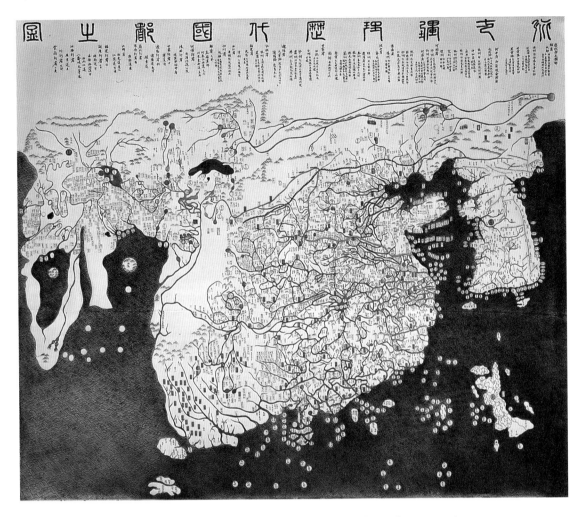

필수품과 책이 필요했거든. 조선은 그 청을 받아들여서 부산포, 제포, 염포의 세 항구를 열어 주었지. 부산포는 지금의 부산, 제포는 지금의 진해, 염포는 지금의 울산이야. 이후 세종은 왜구들에게 적당히 온정을 베풀어 좋은 관계가 유지될 수 있도록 하는 외교술을 폈단다."

용선생의 설명이 끝나자 다시 장하다가 말을 받았다.

〈혼일강리역대국도지도〉 조선 태종 때 만든 세계 지도야. 중국과 조선은 실제보다 크게 그리고, 일본은 작게 그렸지. 중국이 지도 가운데 커다랗게 자리 잡고 있는데, 이건 당시 조선의 세계관을 반영해. 중국 〈혼일강리도〉 등을 참고해 우리나라와 일본을 추가해서 만들었는데, 지금까지 남아 있는 동양의 세계 지도 중에서 가장 오래되었지. 모사본이 일본 류코쿠대학 도서관에 소장돼 있어.

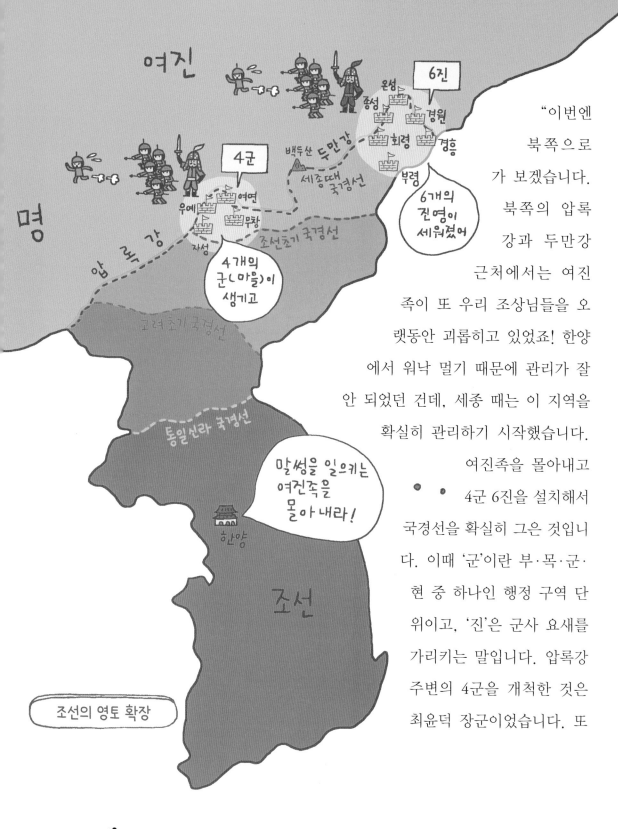

"이번엔 북쪽으로 가 보겠습니다. 북쪽의 압록강과 두만강 근처에서는 여진족이 또 우리 조상님들을 오랫동안 괴롭히고 있었죠! 한양에서 워낙 멀기 때문에 관리가 잘 안 되었던 건데, 세종 때는 이 지역을 확실히 관리하기 시작했습니다.

여진족을 몰아내고 4군 6진을 설치해서 국경선을 확실히 그은 것입니다. 이때 '군'이란 부·목·군·현 중 하나인 행정 구역 단위이고, '진'은 군사 요새를 가리키는 말입니다. 압록강 주변의 4군을 개척한 것은 최윤덕 장군이었습니다. 또 두만강 주변의 6진은 김종서 장군이 맡았습니다. 그리고 나라에서는 새로 넓힌 국경을 유지하기 위해서 이 지역에 주민들을 옮겨 살도록 했습니다. 여기서 중요한 사실! 오늘날의 우리나라 국경선은 바로 이때 형성된 겁니다! 이건 시대별 국경선을 나타낸 지도입니다. 지도를 보면 통일 신라 때 이후로 북쪽 경계가 어떻게 달라져 왔는지 알 수 있죠."

장하다가 준비해 온 지도를 펴 들고 아이들 사이를 누비며 "우리나라 지도가 이렇게 생긴 게 세종 때부터라는 거, 너네 알았어? 몰랐지?"하며 좋아했다.

〈야연사준도〉 김종서가 6진을 설치하고 함길도에 있을 때의 일을 조선 후기에 그린 거야. 어느 날 잔치를 벌이고 있는데 갑자기 화살이 날아와 술 항아리에 꽂혔어. 주위 사람들이 모두 두려움에 떨었지만 김종서는 전혀 동요하지 않고 잔치를 끝마쳤다고 해.

용선생은 장하다의 어깨를 한 손으로 감싸고는 "하다야, 다음 내용은 잊지 않았겠지?"하고 묻자 "하하, 그럴 리가요. 이 부분 연습 많이 했습니다!"라고 씩씩하게 말했다.

"자, 그럼 계속해서 지도를 보시겠습니다!" 장하다가 칠판 위로

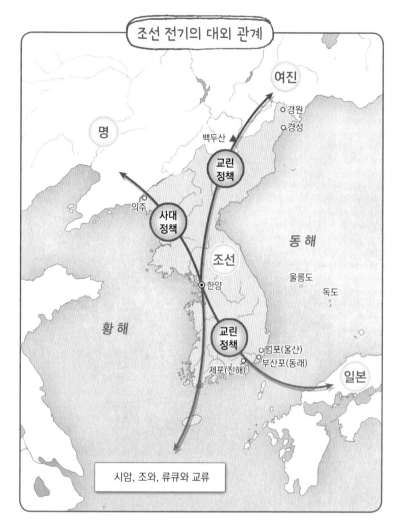

조선 전기의 대외 관계

여진

명

경원
경성

백두산

교린
정책

사대
정책

의주

동 해

조선
울릉도
한양
독도

황 해

교린
정책

염포(울산)
부산포(동래)
제포(진해)

일본

시암, 조와, 류큐와 교류

지도를 펴고는 자석으로 탁탁 고정시켰다.

"이번엔 조선과 다른 나라와의 관계에 대해 알아보겠습니다. 앞서 조선은 일본, 여진에는 군사를 보내 공격하기도 하고, 원하는 물건을 사 갈 수 있도록 무역을 허락해 주기도 했었죠? 그러면 명과의 관계는 어땠을까요?"

장하다의 돌발 질문에 순간 정적이 흘렀다.

"흠흠! 이성계가 말한 4불가론에서 보면 '작은 나라가 큰 나라를 공격해서는 안 된다'고 말한 적이 있어요! 명나라를 '큰 나라'로 대했을 것 같은데요?"

나선애의 대답에 장하다가 놀란 표정으로 말을 이었다.

"그렇습니다. 조선과 명나라와의 관계는 일본과 여진과의 관계와는 달랐습니다. 이러한 조선의 외교 정책을 '사대교린(事大交隣)'이라고 하는데요, 사대는 큰 나라를 섬긴다는 뜻으로 조선이 명과 맺은 관계를 말하고, 교린은 이웃나라와 친하게 지낸다는 뜻으로 제가 방금 전에 발표한 일본과 여진과의 관계를 의미합니다."

"우아, 하다 형 정말 잘했다! 한자도 척척 잘 풀었어!" 곽두기가 응원하자 장하다가 기분 좋아 어깨를 으쓱댔다.

용선생이 장하다의 말에 설명을 보탰다.

"그래, 조선은 주변의 나라와 다양한 관계를 맺으면서 밖으로는 나라의 안정을 유지하고, 안으로는 경제·문화의 발전을 꾀하고 있었던 거야. 좀 자세히 살펴볼까? 조선을 세운 태조는 명나라 황제에게 새로운 나라의 국왕으로 인정해 줄 것을 요청하는가 하면, 정기적으로 신하를 보내 예물을 바치면서 중국의 앞선 문물을 받아들였지. 조선에서는 동짓날과 신년, 황제와 황태자의 생일에 맞추어 명나라에 사행을 갔단다. 사신들은 인삼과 화문석, 소나 말, 가죽, 해산물 등을 가지고 갔고, 중국으로부터는 서적과 의약류, 자기, 비단 등을 받아 돌아왔어. 특히 서적을 통해 들어온 중국 문화는 조선 사회와 문화에 커다란 영향을 미쳤지."

좀처럼 책을 읽지 않는 장하다가 자기도 모르게 입술을 삐죽 내

곽두기의 국어사전

사행(使行)
나라의 명을 받고 외국에 파견되는 신하를 사신(使臣)이라고 하는데, 사행은 이들이 본격적으로 길을 떠나는 것을 말해. 사신 행차를 줄인 거야.

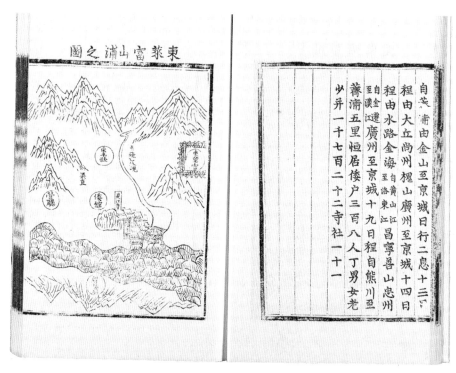

〈동래부산포도〉
《해동제국기》에 담긴 지도 중 하나야. 조선 전기 부산포의 모습을 볼 수 있어. 조선은 백성들을
괴롭히는 왜구를 토벌하는가 하면, 무역을 허락해 주기도 했잖아? 지도에는 왜인들이 부산포에 몇
명이나 있는지, 이곳에서 한양까지는 얼마나 걸리는지 등이 적혀 있어.

밀었다.

"명나라와는 달리, 일본과 여진과는 무력으로 응징하면서도 조선
에 협력하거나 귀화한 이들에게는 관직을 주는 등 조선에서 살 수
있게 해 주었단다."

"조선은 더 먼 나라와도 교류했나요?"

"더 먼 데는 비행기로도 오래 걸리는데, 어떻게 가능했겠냐?"

허영심이 질문하자 왕수재가 팔짱을 끼고 말했다.

"영심아, 좋은 질문이구나. 멀어서 서로 모르고 있었을 것 같지만, 사실은 교류하고 있었단다. 《조선왕조실록》에는 '섬라곡국에서 20명의 사신이 바다를 건너와 각종 약재와 원주민 2명을 바쳤다'는 기록이 있어. 섬라곡국은 시암이라고도 했는데, 지금의 태국을 말해. 당시 태조는 이들 원주민 두 명에게 대궐 문을 지키게 했다는구나. 이 밖에도 《조선왕조실록》에는 조와, 류큐와도 교류한 기록이 있어. 조와는 지금의 인도네시아, 류큐는 지금의 일본 오키나와야. 이들은 조선에 그 나라의 특산물을 보내고, 조선의 문방구와 서적 등을 가져갔대."

"외국의 사신들이 오면 한양 거리가 떠들썩했겠네요?"

운종가로 들어오는 특이한 복장의 외국 사신들을 상상하며 허영심이 말했다.

"아마도 그랬겠지? 그나저나 우리 하다가 이렇게 지도까지 준비해 올 줄이야!"

용선생이 만족스런 표정으로 교탁 앞에 섰다.

"얘들아! 오늘 너희들 최고다! 발표 준비하느라 집에서 책 찾아보고 연습도 많이 했을 텐데, 이 선생님이 가만있을 수 없지! 다 같이 가자! 우리들의 꿈의~ 파

라다이스~ 매점으로!"

신이 난 용선생이 호기롭게 외쳤다. 하지만 아이들은 꿈쩍도 하지 않았다.

"매점…… 이라고요? 놀이공원 아니었어요?"

"응? 그게 무슨 소리냐. 난 놀이공원이라고 한 적 없는데. 너희들 선생님이 매점 자유 이용권 끊으려고 용돈을 얼마나 아껴 썼는지 아니?"

용선생이 교탁 위에 올려둔 봉투를 털자 매점 아저씨가 손수 '자유 이용권'이라고 적어 준 종이 쪼가리가 후드득 떨어졌다.

"어떠냐. 이 선생님의 아이디어와 정성에 또 한 번 놀랐지? 으하하, 가자!"

싱글벙글 용선생이 앞장을 서자, 아이들도 하는 수 없이 웃으며 따라나섰다. 언제 실망했냐는 듯 장하다의 머릿속은 '뭘 먼저 먹지?' 하는 고민으로 꽉 채워졌다.

나선애의 정리노트

1. 집현전은?

- 젊고 똑똑한 인재들이 모여 공부하는 곳
- '지혜로운 학자들이 모인 집'이라는 뜻
- 사가독서 제도 실시
- 성리학, 역사, 천문, 지리, 의약 등 많은 분야에서 연구 성과를 남김

2. 세종 시대의 업적

- 과학 발전: 혼천의, 간의, 일성정시의, 앙부일구, 자격루, 측우기, 수표, 풍기대, 규표
- 훈민정음 창제
- 남쪽의 왜구를 정벌하고 북쪽의 국경선을 확정
- 여러 분야의 책을 간행

농업	역사	성리학	의학	지리	훈민정음	천문학
《농사직설》	《고려사》 《고려사절요》	《삼강행실도》	《향약집성방》	《팔도지리지》 〈팔도도〉	《용비어천가》	《칠정산》

3. 조선 전기 외교정책 — 사대교린!

- 사대: 명과의 관계. 조공 통해 중국의 선진문물 교류
- 교린: 일본, 여진과의 관계. 쓰시마섬 정벌, 4군 6진 개척 등 군사적 제재와 함께 무역을 허락해 주거나 삶의 터전 마련해 줌

용선생의 역사 카페

역사계의 슈퍼스타,
용선생의 역사 카페에
오신 걸 환영합니다

Log in

게시판 ∨

📄 역사가 제일 쉬웠어용!

📄 이제는 더~ 말할 수 있다!

📄 필독! 용선생의 매력 탐구

📄 전교 1등 나선애의 비밀 노트

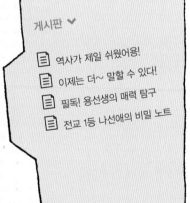

명재상 황희

태종이 의정부의 힘을 약하게 만들었다면, 세종은 의정부의 힘을 다시 키워 줬어. 능력 있고 경험 많은 재상들과 의논해서 나라를 다스려야 한다고 본 거지. 참, '재상'은 종2품 이상의 높은 벼슬아치를 말해. 그중에서 영의정, 좌의정, 우의정은 '정승'이라고 했어. 오늘은 세종이 가장 아꼈던 재상인 황희에 대한 얘기를 들려줄게.

황희는 옳다고 생각하는 일은 뚝심으로 밀어붙이는 사람이었어. 그가 강원도 관찰사로 나가 있을 때 강원도에 큰 흉년이 들어서 굶주리는 백성들이 많았어. 그럴 때는 나라에서 굶주리는 백성들을 위해 곡식을 나눠 줬는데 그 절차가 꽤 복잡했어. 굶주리는 백성들을 모두 조사해 공문을 써서 호조에 올리면, 그걸 다시 호조에서 승인해서 답을 줘야 시행할 수 있었거든.

황희는 "지금 강원도의 기근이 심각한 수준인데, 이런 절차를 다 거친다면 그 전에 백성들이 다 굶어 죽을 것입니다" 하며 즉시 곡식을 풀어 줄 것을 요청했어. 또한 세금도 깎아 달라고 했지. 이런 발 빠른 황희의 조치 덕분에 강원도 사람들의 굶주림을 막을 수 있었어.

이 일로 인정을 받은 황희는 좌의정을 거쳐 영의정에 올랐고, 무려 18년 동안 영의정을 지냈어. 그리고 세종의 정책을 때로는 지지하기도 하고, 때로는 비판하기도 하면서 세종을 보필했지. 세종이 워낙 이것저것 새로 만들고 바꾸는 걸 좋아하니까 적절하게 제동을 가한 거야. 실록에서는 "자주 바꾸는 것을 좋아하지 않아 백성들의 삶을 안정시켰다"고 평가하고 있어. 또 육조와 집현전 신하들이 내놓는 의견들을 적당한 선에서 끊음으로써 나라가 안정적으로 운영될 수 있도록 했어.

물론 황희에게도 약점은 있었어. 황희는 종종 뇌물을 받기도 했고, 그의 아들들이 말썽을 피우기도 했지. 하지만 세종은 벌을 줄지언정 황희를 벼슬에서 아예 내치진 않았어. 오히려 황희가 제발 사직하게 해 달라고 간청하곤 했지. 무려 20여 년 동안이나.

황희(1363~1452)

 COMMENTS

곽두기 : 선생님, 황희는 왜 일을 관두려고 했어요?

↳ 용선생 : 나이가 많았거든. 그래서 '눈이 침침해 글도 잘 못 읽겠고 걷는 것도 힘드니 사직을 허락해 달라'는 내용의 사직서를 자주 올렸지. 하지만 세종은 허락하지 않았어. 큰 병이 있는 것도 아니고 80~90세도 아니니 더 일하라는 거였지. 결국 황희는 86세가 되어서야 은퇴를 할 수 있었어.

한국사 퀴즈 달인을 찾아라!

01 ★☆☆☆☆

세종은 젊고 똑똑한 인재들을 모아 이곳에서 열심히 공부할 수 있도록 해 주었대. '지혜로운 학자들이 모인 집'이라는 뜻의 이곳을 뭐라고 부르지? (   )

① 사당   ② 집현전   ③ 의정부   ④ 자선당

02 ★★☆☆☆

세종 때 만들어진 책으로, 우리 땅에 맞는 농사의 비법과 기술이 총정리되어 있는 이 책의 제목이 뭐더라? (   )

① 《농사직설》   ② 《불씨잡변》
③ 《농가월령가》   ④ 《향약집성방》

03 ★★★☆☆

역사반 아이들이 훈민정음에 대해 이야기를 나누고 있어. 그런데 오늘도 딴소리를 하는 아이가 있네. 과연 누구일까? (   )

 ① 충신과 효자, 열녀들의 이야기를 소개한 《삼강행실도》야말로 훈민정음이 만들어진 목적에 충실한 책이라고 할 수 있지.

 ② 훈민정음으로 쓰여진 최초의 책은 《용비어천가》야.

 ③ 나중에 《춘향전》, 《심청전》, 《흥부전》 같은 한글 소설들이 백성들 사이에서 널리 읽히면서 큰 인기를 끌게 되었어.

 ④ 양반들도 《홍길동전》, 《구운몽》 등의 한글 소설을 썼어.

 ⑤ 세종 때부터 훈민정음을 한글이라 부르기 시작했어.

05 ★★★★☆

세종 시대의 발명품이 여기 다 있네! 이것들의 이름과 사진을 짝지어 주자.

혼천의 •　　　• ①

자격루 •　　　• ②

앙부일구 •　　　• ③

측우기 •　　　• ④

04 ★★★★★

곽두기가 오늘 배운 내용을 노트에 정리했는데, 빈칸이 있네. 빈칸에 들어갈 설명으로 옳지 않은 것은 무엇일까? (　　　　)

> **조선의 외교 관계**
> 조선은 일본, 여진, 명나라 등 여러 나라들과 다양한 외교 관계를 맺었다.
>
> 　

① 조선의 외교 정책을 '사대교린'이라고 한다.
② 정기적으로 명나라에 신하를 보내 예물을 바쳤다.
③ 일본으로 간 사신들은 주로 서적과 의약류, 자기 등을 받아 돌아왔다.
④ 일본, 여진과는 군사를 보내 공격하기도 하고, 무역을 허락해 주기도 했다.

• 정답은 291쪽에서 확인하세요!

혼란을 넘어 조선의 제도를 완성하다

자, 이제 조선은 나라의 뼈대를 갖추느라
바쁘던 초기를 지나 중기로 넘어가고 있어.
이 시기의 조선을 이끈 왕은 세조와 성종이었단다.
두 왕은 왕위에 오른 과정은 물론이고, 나라를 다스린 방식도 너무나 달랐어.
하지만 혼란 속에서도 조선은 차근히 발전해 나갔고,
마침내 《경국대전》의 완성이라는 큰 결실을 보게 되었단다.

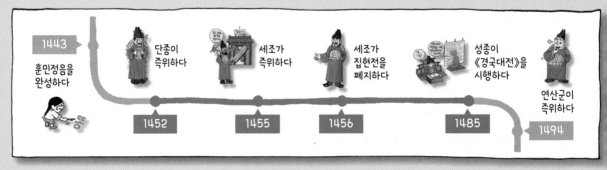

1443
훈민정음을
완성하다

단종이
즉위하다

세조가
즉위하다

세조가
집현전을
폐지하다

성종이
《경국대전》을
시행하다

연산군이
즉위하다

1452   **1455**   **1456**   **1485**

1494

✔ 알고 있는 용어에 체크해 보자!
☐ 단종   ☐ 세조   ☐ 계유정난
☐ 훈구파   ☐ 《경국대전》

《월중도》의 〈청령포도〉

후덥지근한 오후, 용선생의 손에 들려 있는 접시를 본 아이들이 한마디씩 했다.

"선생님! 그거 점심에 나온 반찬 아니에요? 왜 반찬을 들고 다니세요?"

"이젠 급식까지 집에 가져가시려고요?"

딱하다는 표정으로 바라보는 아이들에게 용선생이 황급히 손사래를 쳤다.

"아이고, 얘들아. 그게 아니라 이 숙주나물이 오늘 수업에서 중요한 이야깃거리란 말이다. 마침 급식 반찬으로 나왔기에 일부러 남겨 뒀다 들고 온 거야. 흠흠. 하다야, 이것 좀 저쪽 창가에 갖다 놓을래?"

장하다는 용선생이 시키는 대로 접시를 옮기며 나물을 살짝 집어 먹었다. 아작아작 씹히는 맛이 좋았다.

숙주 콩나물과 비슷하게 생겼지? 녹두를 물에 불리면 싹이 나는데 이것을 숙주라고 해.

용선생은 대체 오늘 수업과 숙주나물 반찬이 무슨 상관인지 모르겠다는 듯 여전히 의심스런 눈초리를 보내고 있는 아이들에게 사진 한 장을 보여 주었다.

"강원도 영월에 있는 청령포라는 곳이야. 참 가슴 아픈 사연이 있는 곳이지. 열두 살 어린 임금이 자기 숙부한테 쫓겨나 유배 생활을 했던 곳이거든."

"열두 살 임금? 그게 누군데요?"

"단종. 조선의 여섯 번째 임금이지."

청령포 강으로 둘러싸여 있어 배가 없으면 드나들 수 없는 곳이야. 세종의 아들 수양 대군은 어린 조카 단종을 이곳에 유배 보냈어.

어린 임금 단종의 비극

"세종의 뒤를 이어 왕위에 오른 문종은 몸이 약했어. 세자 시절부터 아버지를 도와 많은 일을 하고 임금이 될 준비를 착실히 해 온 문종이었지만, 결국 왕이 된 지 2년 만에 세상을 떠나고 말았지. 그 뒤를 이은 것이 단종이었어. 그런데 어린 단종에게는 아버지뿐 아니라 어머니, 할아버지, 할머니도 없었어. 모두 세상을 떠난 뒤였거든."

"아유, 안됐다. 완전 고아였구나……."

아이들은 자신들과 비슷한 또래인 어린 임금의 이야기에 금세 빠져들었다.

"그래서 단종 대신 정치를 맡아 했던 것이 김종서와 황보인 같은 신하들이었어. 어린 아들만 남겨 두고 눈을 감으려니 걱정이 많았던 문종이 진작에 이들을 불러서 아들이 자랄 때까지 나랏일을 잘 보살펴 달라고 부탁을 해 두었거든. 그런데 단종에게는 다른 가족은 없어도 유독 숙부들은 많았어. 아버지 문종의 형제들 말야. 왕은 어려서 힘이 없지, 그 숙부들은 한창 젊은 나이지, 그러니 자연히 그들을 중심으로 사람들이 모여들기 시작했어. 그중에서도

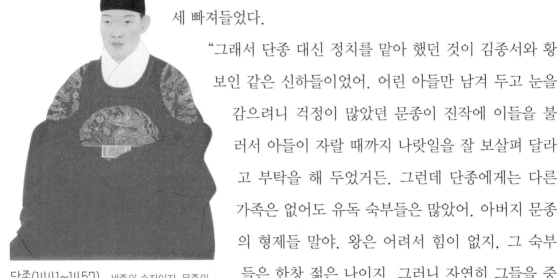

단종(1441~1457) 세종의 손자이자, 문종의 아들로 열두 살에 왕이 되었어. 이 그림은 단종이 죽은 지 552년 만인 2009년에 그린 거야.

재주가 많고 야심이 컸던 수양 대군은 점점 자신의 세력을 키워 나
갔지."

"왜요! 혹시 왕이 되고 싶어서?"

하다가 끼어들자 선애가 "가만 좀 있어 봐" 하고 말렸다.

"수양 대군의 힘이 커지자 김종서와 황보인은 그를 경계하기 시
작했어. 하다 말처럼 왕위를 넘볼까 봐 걱정이 됐던 거야. 반대로
수양 대군은 김종서와 황보인 등이 나랏일을 손안에 꽉 쥐고 있는
것이 불만이었지. 신하들 손에 나라를 맡겨 두는 게 말이 안 된다
고 생각한 거야. 그렇게 양쪽이 대립하던 어느 날, 수양 대군이 일
을 저지르고 말았어. 아주 엄청난 일이었지!"

용선생이 갑자기 말을 멈추자 아이들이 "무
슨 일인데요!" 하며 뒷이야기를 재촉했다.

"글쎄 수양 대군이 자신에게 충성을
맹세한 한명회 등의
부하들과 짜고서

김종서와 황보인, 또 그들과 친하게 지내던 신하들을 싹 다 죽여 버렸지 뭐냐. 어떤 신하를 죽이고 어떤 신하를 살려 둘지 적은 명단까지 미리 만들어 두고서 그에 따라 반대편을 싹쓸이해 버린 거야. 수양 대군은 그들이 자신의 동생인 안평 대군을 왕으로 세우려는 음모를 꾸몄다면서, 자신이 단종을 위해서 어쩔 수 없이 미리 반역자들을 벌했다고 주장했어. 그리곤 안평 대군은 유배를 보내 버렸지. 이 사건을 1453년, 계유년에 일어난 일이라 '계유정난'이라고 해. 안평 대군은 나중에 유배지에서 죽임을 당했어. 이 일이 있은

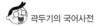

곽두기의 국어사전

정난

'난리를 평정한다'는 뜻이야.

뒤 단종의 또 다른 숙부인 금성 대군은 수양 대군에 반대하면서 단종의 편에 섰어. 그러자 수양 대군은 금성 대군마저 없애 버렸지."

"어휴, 못살아! 그놈의 왕위 싸움!"

장하다가 머리를 싸쥐며 인상을 찌푸렸다.

"그 뒤 수양 대군은 혼자서 영의정, 이조 판서, 병조 판서 등 중요한 벼슬을 한꺼번에 차지하고 나랏일들을 도맡아 처리했어. 왕좌에 앉지만 않았을 뿐 실제로는 왕이나 다름없었던 거야. 결국 단종은 옴짝달싹도 할 수 없이 궁지에 몰린 채 억지로 왕위를 넘겨줄 수밖

안견의 〈몽유도원도〉
세종의 셋째 아들 안평 대군이 꿈속에서 본 '이상 세계(도원)'를 안견에게 부탁해 그린 그림이야. 낮은 물길과 험한 절벽 사이에 자리한, 꽃이 활짝 핀 복숭아나무들과 집이 평화로워 보이지? 이런 꿈을 꾼 안평 대군도 결국 비극적인 죽음을 맞이해.

에 없었단다."

"그럼 수양 대군이 진짜로 왕이 된 거예요?"

"그래, 조선의 일곱 번째 임금 세조가 바로 수양 대군이야."

"그런 게 어딨어요…… 힝."

단종이 밀려났다는 이야기에 곽두기의 어깨가 축 처졌다.

박팽년(1417~1456) 집현전 학사로 여러 가지 편찬 사업에 참여하면서 세종의 총애를 받았어. 단종을 다시 왕으로 세우려고 했지만, 같이 일을 꾸미던 김질의 배신으로 실패하고 말았어.

 ## 성삼문과 신숙주의 갈라진 운명

"하지만 아직 모든 신하들이 다 그의 편이 된 것은 아니었어. 특히 집현전 출신의 성삼문, 박팽년 같은 신하들은 조카의 왕위를 빼앗은 세조를 임금으로 인정하지 않았지. 그들은 비밀리에 단종을 다시 왕으로 세우려는 계획을 세웠어. 하지만 이 계획은 실행에 옮겨 보지도 못한 채 세조에게 들통이 나 버렸어."

"아휴! 어떻게요!" 안타까운 마음에 곽두기가 소리쳤다.

"그들은 줄줄이 잡혀 와 무서운 고문을 받았대. 그런데도 끝까지 당당한 모습을 잃지 않았다지.

사람들 사이에 전해지는 이야기에 따르면, 성삼문과 박팽년은 모진 고문을 받으면서도 세조를 '전하'라고 부르지 않고 '나리'라고 불렀대. 세조를 임금으로 인정하지 않는다는 뜻이었지. 그러자 매우 화가 난 세조가 '내게 벼슬을 받을 때는 스스로 신하라고 하지 않았느냐'고 따져 물었지. 신하가 임금 앞에서 자기를 '신(臣)'이라고 부르는 걸 말한 거야. 그러자 박팽년은 이렇게 말했대.

'나는 한 번도 신(臣)이라 한 적이 없소. 못 믿겠거든 내가 감사로 일할 때 올린 글을 찾아보시오!'

그 말대로 확인해 보니 정말 신(臣) 자가 있어야 할 자리에 거(巨) 자가 있더래. 세조는 또 성삼문에게 '내가 내린 벼슬을 받고, 내가 내린 녹으로 먹고살지 않았느냐'고 따졌대. '녹'이란 임금이 신하들에게 봉급으로 주는 곡식과 옷감 등을 말해. 하지만 성삼문도 이렇

게 말했다지.

'내가 벼슬을 받은 것은 임금의 자리를 원래대로 되돌려 놓기 위함이었소. 또 나리가 준 녹을 받기는 했으나 털끝 하나 건드리지 않았소.'

성삼문의 집을 확인해 보니, 정말 세조가 왕위에 오른 뒤부터 받은 녹은 고스란히 창고에 쌓여 있더라는 거야."

"와~ 그 이야기가 진짜라면 참 의리가 있는 분들이었네요! 그 계획이 성공했어야 되는 건데……!"

장하다는 주먹으로 책상을 통통 두드리며 안타까워했다.

"결국, 이때 단종을 다시 왕으로 세우려던 신하들은 모두 고문 끝에 죽거나 사형을 당했어. 훗날 사람들은 그들의 충절을 기리며 '사육신(死六臣)'이라고 불렀어. 죽임을 당한 여섯 명의 신하들이라는 뜻이지. 성삼문, 박팽년, 이개, 하위지, 유성원, 유응부가 바로 그들이야. 또 죽지는 않았지만 끝까지 세조에게 머리를 굽히지 않은 이들도 있었어. 이들은 '생육신(生六臣)'이라고 불렀지. 김시습, 원호, 이맹전, 조려, 성담수, 남효온이었어. 세조는 단종을 그대로 두면 그런 신하들이 더 나올 거라고 생각하고 단종을 멀리

김시습(1435~1493) 김시습은 과거 공부를 하던 중, 수양 대군이 왕위에 올랐다는 소식을 듣고 승려가 되었어. 우리나라 최초의 소설 《금오신화》를 지은 것으로 유명해. 세로 72cm, 불교중앙박물관 소장. 보물.

강원도 영월 지방으로 쫓아 버렸어. 바로 사진 속의 청령포로. 청령포는 사방이 절벽과 강물로 둘러싸인 적막하고 외딴 곳이었단다. 지금도 그곳에는 단종이 머물렀다는 작은 집이 있는데 소나무들이 다 그 집을 향해 고개를 숙이고 있대."

"하아, 너무 슬픈 이야기네요."

양손으로 턱을 괸 채 탄식을 하는 허영심에게 용선생이 종이 한 장을 건네주었다.

"이건 단종이 유배지에 있을 때 지은 시야. 읽어 줄래?"

영심은 용선생이 내민 종이를 받아 찬찬히 읽어 내려갔다.

단종 어소 단종이 머물렀던 작은 기와집이야. 원래 건물은 불타 버렸고 최근 《승정원일기》의 기록에 따라 재현해 놓았어. 이곳 소나무 숲에는 단종의 비참한 모습을 보고, 슬픈 목소리를 들었다고 해서 '관음송'이라 불리는 소나무(천연기념물)가 있어.

원통한 새 한 마리가 궁에서 쫓겨나

외로운 몸 짝 없는 그림자가 푸른 산속을 헤매네.

밤마다 잠을 청하나 잠은 오지 않고

해마다 짙어져 가는 한은 끝이 없구나.

새 울음소리 끊어진 새벽 산엔 어스름 달 비추고

피 눈물진 봄 골짜기엔 떨어진 꽃 붉어라.

하늘은 귀먹어서 이 애절한 하소연 못 듣는데

어찌하여 서러운 내 귀만 홀로 밝을꼬.

애틋한 원한이 서린 시구에 아이들은 그저 잠잠하기만 했다.

"그리고 얼마 뒤…… 단종은 결국 한 많은 짧은 삶을 끝맺게 돼. 열일곱, 한참 꽃처럼 피어날 나이에 말야. 《세조실록》에는 단종이 스스로 목을 매 죽었다고 쓰여 있지만, 당시 민간에서 쓰인 책들에는 세조가 내린 사약을 먹고 죽었다고 나와 있어. 또 한참 후에 기록된 《숙종실록》에는 이 당시 사약을 가지고 간 관리가 차마 단종에게 그 말을 전하지 못하고 있는데, 관청의 하인이 단종을 목 졸라 죽였다는 내용이 있지. 어디까지가 진실인지는 알 수 없지. 다만 단종을 눈엣가시처럼 여겼을 세조가 단종의 죽음을 바란 것은 사실이 아닐까 싶어. 단종이 죽기를 바란 사람들은 더 있었어. 세조의 편에 섰던 사람들이지. 세종이 특별히 어린 손자를 지켜 달라

《월중도》의 〈청령포도〉 영월 안의 그림이라는 뜻으로, 단종과 관련된 장소를 그린
8폭 병풍이야. 단종의 유배지였던 청령포, 단종의 무덤인 장릉, 사육신 사당 등이 그려져 있어.
세로 20.5cm, 한국학중앙연구원 소장. 보물.

 허영심의 인물 사전

신숙주(1417~1475)
외교 능력과
문학적 능력이
뛰어나서 세종과
문종의 총애를
받았어. 동갑내기인
수양 대군이
집현전에 참여할 때
친분을 쌓았어.

고 부탁했던 신숙주도 그중 하나였어. 그는 몇 번이나 단종을 처형

해야 한다고 주장했대.”

“으, 분하다! 이 장하다가 그때 태어났으면 단종 임금님을 지켜

드리는 건데!”

장하다가 분통을 터뜨리고, 나선애도 씩씩거리며 소리쳤다.

"성삼문 같은 신하들은 단종을 지키려다 죽었는데, 신숙주는 어떻게 그럴 수가 있지? 세종한테 부탁까지 받았다면서!"

"신숙주는 이후 자신의 능력을 충분히 발휘해서 여러 업적을 쌓았고 세조를 충실히 도왔어. 벼슬도 점점 높아져서 46세에 영의정 자리에까지 올랐지만, 후세 사람들에게 변절자라는 욕을 들어야만 했단다."

용선생은 다시 하다에게 숙주나물 접시를 갖다 달라고 했다. 그러자 선애가 뭔가 눈치를 챈 듯 "아항! 그래서 숙주나물을?" 했다.

넌 너무 쉽게 변해!

의리가 밥먹여 주나?

숙주나물

"이 숙주나물은 조금만 덥고 습하면 금세 쉬어 버리거든. 그래서 사람들이 신숙주의 이름을 따서 숙주나물이라고 부르기 시작했다는 얘기가 전해지고 있어. 에, 이 날씨라면 벌써 엄청 쉬었을걸. 이거 한번 먹어 볼 사람~?"

용선생이 겁을 주듯 장난스럽게 묻는데 장하다가 대수롭지 않게 날름 집어먹었다. 깜짝 놀란 용선생이 "으, 진짜 먹으면 어떻게 해!" 하고 소리를 질렀지만, 하다는 입맛을 짭짭 다시며 다시 한번 집어먹었다.

"맛만 좋은데요, 뭘."

"어? 그러냐? 이 나물이…… 생각보다 지조가 있네. 어허허."

용선생이 멋쩍게 웃는데 왕수재가 고개를 갸웃거렸다.

"근데 그렇게 따지면 다른 신하들도 다 변절자인데 왜 신숙주한 테만 뭐라고 하지? 좀 억울하겠네."

그러자 장하다가 벌컥 성을 냈다.

"억울? 넌 단종이 불쌍하지도 않냐!"

"그건 그거고, 이건 이거지! 살아남아서 더 많은 업적을 남기면 된 거 아냐?"

"이 냉정한 녀석!"

둘의 목소리가 커지자 용선생이 말리고 나섰다.

"그래, 역사라는 게 뭘 중요하게 보는가에 따라서 이렇게 평가할 수도, 저렇게 평가할 수도 있는 거니까. 세조가 왕이 된 과정도 어 떻게 보면 권력에 욕심이 많던 인물이 어린 조카와 동생들, 신하들 을 제거하고 왕위를 빼앗은 거라고 볼 수도 있지. 한편으론 왕권이 약해지고 정치가 불안한 상황을 책임질 실력자가 나타나 역사를 이끈 거라고 볼 수도 있겠지."

"그래서, 세조가 정치는 잘했나요?"

허영심의 말에 용선생이 "그렇지! 이제 그 이야길 해 볼 차례구나." 하며 허둥지둥 교탁 아래로 숨더니 부스럭 부스럭 소리를 냈다.

곽두기의 국어사전

지조
지조는 뜻을 굽히지 않고 끝까지 지켜 나가는 의지를 뜻해.

자자, 그만 좀 싸우지들…

왕권을 키운 세조와 훈구파

다시 나타난 용선생의 모습에 잔뜩 심각하던 아이들의 표정이 절로 풀어졌다. 가슴에 용을 그려 넣고 금색 천을 이리저리 이어 붙여 곤룡포를 흉내 내긴 했지만, 그건 누가 봐도 앞치마였다. 양쪽 어깨에는 '왕권 강화!', '부국강병!'이라고 쓰여 있었다.

"여봐라! 나는 약해진 왕권을 다시 일으켜 세우고, 이 나라 조선을 강하고 튼튼한 나라로 만들 것이다. 이제부터 왕이 하는 일에 함부로 대들고 반대하는 신하들은 내가 봐주지 않을 것이다. 알겠느냐!"

아이들이 엉겁결에 "예" 하고 대답을 하자, 용선생은 만족한 듯 씩 웃었다.

"좋다. 우선 내가 왕위에 오를 수 있도록 도와준 신하들에게는 상으로 토지와 노비를 내리겠노라. 뿐만 아니라 높은 벼슬을 내려 앞으로도 나와 함께 나랏일을 책임지도록 하겠다. 다른 신하들은 함부로 목소리를 높일 생각을 말라! 그리고 얼마 전 성삼문 등이 반역을 일으킨 일에서도 보았듯 집현전은 더 이상 아무짝에도 쓸모가 없는 곳이니, 오늘부터 문을 닫는다. 또 나는 어려서부터 아바마마의 명으로 많은 일을 해 온 덕에 공부는 충분히 했다. 그러니 경연도 앞으로는 하지 않겠다. 그냥 토론회를 하거나, 아니면 내가 친히 강의를 해 주겠노라! 그리고 이제는 왕명을 전달하는 승정원이 중요해질 것이니 그리 알라. 아, 또 있다. 앞으론 육조에서 의정부를 거칠 필요 없이 내게 직접 여러 일을 보고하고 직접 왕명을 받아 실행하라. 예전에 태종께서 이미 이러한 육조 직계제를 실시한 일이 있으니, 그 덕을 본받고자 하노라."

들다 못한 아이들이 서로 얼굴을 마주 보며 투덜거렸다.

"뭐야, 자기편만 엄청 챙겨 주는 거네."

"세종이 겨우 토론하고 공부하는 분위기를 만들어 놓았더니 다 없애 버리잖아!"

하지만 용선생이 "어허! 이게 다 무너진 왕권을 바로 세우기 위함이다! 감히 누가 불만이 있는가!" 하고 버럭

《은대계첩》 승정원 관리들의 모임을 그린 그림이야. '은대'는 승정원을, '계'는 모임을 뜻해. 승정원은 왕의 비서 기관으로, 이곳을 통해 왕의 명령이 내려오고, 또한 각종 문서가 왕에게 전달됐어.

소리 지르자, 아이들은 다시 잠잠해졌다.

"또 백성들의 호적을 새로 만들어서 세금을 내고 군대에 가는 의무에서 빠져나가는 이가 없도록 잘 관리하라. 그리고 태종께서 만드셨다가 뒤에 없어진 호패법도 다시 시행할 것이다. 이제부터 16세 이상의 남자들은 모두 이름과 신분, 나이 등을 적은 호패를 차고 다니도록 하라. 어물쩍 시행하다 말 것이 아니니, 모든 백성들이 꼭 따르도록 해야 한다. 이렇게 백성들을 잘 관리해야 나라의 질서를 바로 세우고 국력을 키울 수가 있느니라. 그리고, 관리들이 퇴직한 뒤에도 나라에서 받은 토지를 반납하지 않았지만 이 또한 제도를 고칠 것이다. 할 일 다하고 물러난 사람들도 토지를 여전히 차지하고 있으니 나라의 창고가 점점 비어 가질 않는가. 앞으론 현직 관리들에게만 토지를 주겠다. 변방 지역에만 집중되어 있던 군사 조직도 정비할 것이다. 한양 주변의 경비를 튼튼히 하는 것은 물론, 전국에 걸쳐 군사 조직을 키우겠노라. 그래야 감히 반역을 꿈꾸는 세력이 자라질 못할 것이고, 나라의 국방이 더욱 튼튼해질 것이다."

이때 왕수재가 "저, 세조님? 잠깐만요" 하고 손을 들었다.

"금방 얘기하신 내용이 부국강병에 대한 얘깁니까?"

"그렇다."

장하다가 "부국강병이 뭔 소리냐?" 하자 두기가 "부자 부(富), 나라 국(國), 굳셀 강(强), 병사 병(兵), 그러니깐 나라를 부자로 만들고 국방을 튼튼하게 한다는 거야" 하고 알려 주었다.

그 사이에 앞치마를 벗어 버린 용선생이 다시 부드러워진 목소리로 말했다.

"세조는 자신이 왕이 되는 걸 도운 신하들, 그러니까 공신들을 한없이 밀어줬어. 웬만한 죄를 지어도 세조는 절대로 문제 삼지 않았기 때문에 공신들은 세상에 겁날 게 없었지. 특히 한명회가 대표적인 사람이었는데, 일등 공신이 된 걸로도 모자라서 자신의 두 딸을 세조의 아들과 손자에게 시집보내고 신숙주와도 사돈을 맺었어. 그러니, 그 권세가 엄청났던 모양이야. 그의 생일에는 온갖 사람들이 뇌물을 들고 와서 대문 앞에 길게 줄을 지을 정도였어. 한명회는

늙어서 은퇴한 뒤에는 자신의 호를 따서 '압구정'이라는 정자를 짓고 지냈어. 하지만 여전히 탐욕을 부리며 나쁜 짓을 많이 해서 '압구정이 생긴 뒤로는 근처에 비둘기 한 마리 날지 않는다'는 말이 퍼질 정도였대."

"어마, 압구정이 그때부터 생긴 이름이구나. 근데 별로 좋은 의미는 아니었네……."

허영심이 이마를 찌푸렸다.

정선의 《압구정도》 한명회는 지금의 서울 압구정동에 화려한 정자를 지었어. 경치가 빼어난 데다가, 여주에 있는 자신의 땅에서 난 쌀을 실어 오는 데 하루밖에 걸리지 않았기 때문이야.

"이렇게 한명회처럼 세조가 왕이 되는 걸 도운 공으로 많은 땅과 재산을 차지하고 권세를 휘두른 공신들을 '훈구파(勳舊派)'라고 해. 훈구파 신하들은 세조 때에 이어 예종, 성종 때까지 오래오래 잘 먹고 잘살았지. 나라의 힘 있는 사람들이 재산이나 긁어모으고 뇌물이나 받고 다니니, 나라 안에는 점점 부정부패와 사치스런 분위기가 퍼져 갔어. 그리고 이 훈구파는 나중에 등장한 새로운 세력과 피비린내 나는 대결을 펼치게 되지. 그 때문

에 한동안 조정은 엉망진창이 되어 버려. 세조는 비록 왕위에 오른 과정은 떳떳하지 못했지만 왕권을 중심으로 강한 나라를 세우고자 많은 시도를 했지. 통치체제를 정비하기 위해 조선 최고의 법전인 《경국대전》 편찬 작업에 들어간 것도 그 노력으로 볼 수 있어. 하지만 결정적으로 훈구파 신하들의 세력을 너무 키워 줬기 때문에 후대에 비극의 씨앗을 뿌리고 말았어."

나라의 제도를 완성한 성종과 사림파의 등장

"세조의 뒤를 이은 예종은 몸이 약해서 왕이 된 지 1년 2개월 만에 세상을 떠났어. 그 뒤를 이은 건 예종의 조카인 성종이었지. 그가 왕위를 물려받는 게 당연한 상황은 아니었지만, 훈구파 신하들이 힘을 써서 그렇게 된 거였어. 성종은 바로 한명회의 사위였거든. 그런데 성종도 왕이 되었을 때 열세 살에 불과했어."

성종이 어렸다는 말에 허영심이 불안한 듯 "어머, 또요?" 했다.

"응, 하지만 단종과 달리 성종에게는 할머니와 어머니가 있었어. 보통 왕이 어릴 경우엔 왕실의 웃어른인 대왕대비나 대비가 신하들과 상의해서 나랏일을 돌보곤 했어. 왕의 등 뒤에 발을 드리우고, 발 뒤에 왕실의 여인이 앉아서 나랏일을 보는 거지. 이런 걸 '수렴

 나선애의 개념 사전

대왕대비
전전 임금의 살아 있는 왕비, 임금의 할머니를 말해. 대비는 전 임금의 살아 있는 왕비, 임금의 어머니이고.

청정(垂簾聽政)'이라고 해.

성종 대신 수렴청정을 한

것은 할머니 정희 왕후였어. 그렇게 7년의 세월이 흐른 뒤, 스무

살이 된 성종은 직접 나라를 다스리기 시작했어. 성종은 원래부터

학문을 좋아하는 성품인 데다 신하들이 시키는 대로 임금 수업도

아주 착실하게 받았대. 하지만 그렇다고 해서 신하들이 마음대로

휘두를 수 있는 왕은 아니었지. 훈구파 신하들의 힘이 너무 세졌다

고 생각한 성종은 꼭두각시 왕이 되지 않기 위해서 그들과 맞설 수

있는 다른 신하들을 찾기 시작했어."

"그런 신하들이 남아 있었나요?"

"조정에는 없었지만 멀리 지방에는 있었지. 고려 말기의 정몽주

나 길재로부터 이어져 내려오는 학문의 전통을 지키면서 그에 따

라 도덕적으로 깨끗한 정치를 해야 한다고 생각하는 선비들이 있었 거든. 이들을 선비들의 무리라는 뜻으로 사림(士林)이라고 했어. 성 종은 이들을 한양으로 불러들여 벼슬을 주었지. 대표적인 사람이 김종직이었는데, 성종은 그에 대한 믿음이 아주 커서 늘 중요한 일 을 맡기고 그의 말을 귀담아들었대. 덕분에 김종직을 따르는 젊은 이들이 많아지면서 사림파의 세력도 순식간에 커졌지. 이들은 대개 '삼사'라고 불리는 홍문관, 사간원, 사헌부에서 일했어. 삼사에서 하는 일을 한마디로 말하면 왕과 높은 관리들이 정치를 바르게 하 고 있는지, 잘못하는 일은 없는지 지켜보고 충고와 비판을 하는 것 이었어. 그러니 훈구파들이 전처럼 멋대로 권력을 휘두르기 어려워 졌겠지? 이렇게 두 세력이 힘의 균형을 이루면서 일단은 정치가 안 정되었어. 그리고 이 시기에 조선 최고의 법전인 《경국대전》이 완 성되었지!"

허영심의 인물 사전

김종직(1431~1492)
세조에게 간언했다가 벼슬자리에서 쫓겨난 적이 있어. 학문이 높고 문장이 뛰어나서 성종의 총애를 받았어.

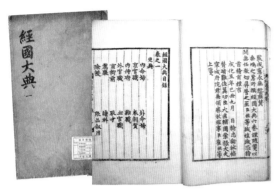

《경국대전》
조선이 세워지고 나서 약 100년 동안 새로 만들어진 법들을 체계적으로 정리한 조선 최고의 법전이야. '나라를 다스리는 큰 법전'이란 뜻이야. 서울대학교 규장각한국학연구원 소장.

용선생이 책 한 권을 떡하니 들어 보이자, 영심은 "그런 지저분한 책은 어디서 사 오시는 거예요?"하고 종알거렸다.

"이 역사적인 《경국대전》에는 무슨 내용이 있는지 어디 한번 볼까? 에, 호패를 위조하면 사형! 가지고 다니지 않으면 곤장 100대를 친다."

그 말에 장하다가 기겁을 했다.

"네에? 어쩌다 잊을 수도 있는 건데요!"

"좀 심하긴 하지? 그만큼 백성들의 호적 관리를 철저히 해서 나라의 근간을 튼튼하게 하겠다는 뜻일 거야. 그렇지만 백성들에게 가혹한 조항만 있던 건 아니야. 이런 내용도 있지. 집이 가난해서 혼인할 나이를 넘기고도 혼인을 못하는 사람이 있으면 나라에서 재물을 보조해 준다."

"이야, 결혼할 돈이 없다고 나라에서 재물을 준다는 소리는 처음 들어 봐요. 멋지네!"

허영심의 말에 용선생도 고개를 끄덕였다.

"남자는 15살, 여자는 14살이 되어야 장가들거나 시집가는 것을 허락한다는 내용이나 땅과 집을 사거나 팔면 100일 안에 관청에 보고해야 한다 등 개인의 일상생활과 관련된 조항들도 많았단다. 또 비리를 근절하고자 만든 조항도 있었지. 뇌물을 받고 벼슬자리를 내주거나 세금을 빼돌리는 등 비리를 저지르는 관리에게는 특별히 큰 벌을 내리도록 했어. 이 밖에도 《경국대전》에는 과거 제도, 제사, 군사, 재판과 형벌, 재산 상속, 도로나 다리 건설 등 사회의 전 분야를 세세하게 규정하고 있어. 사실 이런 법전을 만들려는 노력은 태조 때부터 시작되었어. 크고 작은 결과물들도 꾸준히 나왔지. 그러다가 세조 때 본격적으로 《경국대전》을 만들기 시작해서 성종 때 완성하게 된 거야. 《경국대전》이 완성되기 전까지는 주로 중국의 법전과 전례를 따르는 경우가 많았지."

"그럼 이제부터는 중국 법 대신에 《경국대전》을 따르면 되는 거네요?"

"그렇지! 그러니까 《경국대전》이 완성되었다는 건, 조선이 독자적인 법 체계에 따라 나라를 이끌어 갈 수 있게 되었다는 뜻이야. 성종이 나라의 제도를 완성했다고 해서 '성종'이라는 묘호를 받게 된 데도 《경국대전》의 영향이 컸어. 성종은 《경국대전》 말고도 지리와 역사, 음악 등 다양한 분야의 책들을 많이 간행했지. 세조가 집현전을 없애 버린 것이 아쉬워서 홍문관을 통해 옛 집현전의 기능을 되살리기도 했고, 역시 세조 때 없어졌던 경연 제도를 다시 살리기도 했어. 성종은 왕위에 있었던 25년 동안 거의 매일 하루 세 번의 경연에 참석했다는구

나선애의 개념 사전

묘호
태조, 세종 등의 칭호는 왕이 죽고 난 뒤에 붙여졌어. 보통은 '종'을 붙이고, 나라를 세운 것만큼 큰 공이 있을 경우에는 '조'라는 글자를 붙이지.

빌딩 숲 사이로 선릉 여행!

용선생 현장 강의

선릉 조선의 9대 왕 성종과 부인 정현 왕후의 무덤으로 도시 한복판인 서울시 강남구 삼성동에 있어. 사적.

나. 게다가 성종이 다스린 시기는 특별히 전쟁이나 반란도 일어나지 않았기 때문에 세종 시대 이후 모처럼 평화로운 시기였어."

"어? 그러고 보니 성종과 세종은 비슷한 데가 있는 것 같아요."

"그런가 하면 세조는 태종과 비슷한 면이 있지? 형제들을 제거하고 왕이 된 뒤 왕권을 강화했으니까."

"아, 왕자의 난? 어쩐지 수양 대군이 동생들 죽이는 이야기가 꼭 어디서 들어 본 것 같다 했죠!"

뜻밖에 장하다가 한참 전 수업 내용을 기억해 내자, 용선생의 입이 함박 벌어졌다.

"우아, 장하다! 네가 날 감동시키는구나!"

흐뭇해진 용선생이 두 팔을 활짝 열고 다가오자, 장하다는 잽싸게 나물 접시를 들이밀었다. 용선생이 포옹 대신 못 이기는 척 나물을 입에 쏙 집어넣었다.

"에퉤퉤! 이게 뭐야!"

아까까지 멀쩡했던 숙주나물이 그 사이에 쉬어 버렸는지, 용선생은 오만상을 찌푸렸다.

"어? 숙주나물이 나한텐 의리를 지켰는데 선생님은 배신했네요!"

아이들이 모두 킥킥거리자 용선생도 별 수 없이 "허허" 하고 따라 웃었다.

나선애의 정리노트

1. 세조는 어떻게 왕권을 강화시켰을까?

변화	세조의 속마음
집현전과 경연 폐지	"반역의 싹은 다 없애는 거야. 대신들의 잔소리도 듣기 싫어."
육조 직계제 실시	"모든 나랏일을 다 알고 있어야 강력한 왕이 될 수 있지."
호패법 다시 시행	"백성들도 관리하고 세금도 제대로 걷을 수 있지."
현직 관리들에게만 토지 지급	"나라의 창고가 비면 왕의 힘이 약해지지. 은퇴한 관리까지 챙길 수는 없어."
군사 조직 정비	"한양의 경비를 튼튼히 해서 반역 따위는 꿈도 못 꾸게 해야 해."
공신들 편애	"내게 충성하면 편히 살 수 있다는 것을 보여 줘야지."

2. 《경국대전》의 특징

- 조선 왕조의 최고 법전이었다.
- 세조 때부터 만들어서 성종 때 완성되었다.
- 조선 왕조의 통치 체제가 확립되었다.

용선생의 역사 카페

역사계의 슈퍼스타,
용선생의 역사 카페에
오신 걸 환영합니다

Log in

게시판 ⌄

📋 역사가 제일 쉬웠어용!
📋 이제는 더~ 말할 수 있다!
📋 필독! 용선생의 매력 탐구
📋 전교 1등 나선애의 비밀 노트

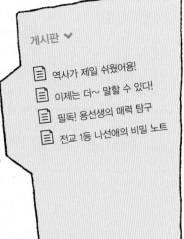

조선의 중앙 통치 제도

《경국대전》은 조선의 통치 체제를 규정해 놓고 있어. 오늘은 이를 바탕으로 조선의 중앙 통치 제도를 살펴볼까 해.

〈조선의 통치 체제〉

왕 — 의정부 — 삼정승들이 중요한 나랏일을 의논하는 곳이야. 밑에 육조가 있어.

승정원 — 국왕의 비서 기구로, 왕의 명령을 전달하고 각종 문서를 왕에게 올렸어.

의금부 — 왕의 명령을 받아 죄인들을 다스리던 곳이야.

사헌부 — 관리의 비리와 부정부패를 감시하고 처벌하는 곳이야. 왕이 임명한 관리의 자격을 심사하기도 했어.

사간원 — 임금과 관리의 잘못을 비판하고 지적하던 곳이야. ┐ 삼사

홍문관 — 집현전에 해당하는 관청이야. 경연, 기록 관리, 정책에 대한 자문 등을 담당했어.

춘추관 — 실록 같은 역사책을 편찬하는 곳이야.

성균관 — 성리학 교육을 담당하는 최고 학부야.

왕을 중심으로 의정부, 삼사, 승정원, 의금부가 있지? 이 중에서 승정원과 의금부는 왕의 명령만을 받았어. 의금부는 반역죄 같은 큰 죄를 다스리는 곳이었어. 사극을 보면 관리들이 사약을 들고 나타나 "어명이오! 사약을 받으시오!"라고 하잖아? 그 관리들이 바로 의금부 관리들이야.

그렇다면 삼사의 역할은 무엇이었을까? 삼사는 왕과 대신들이 나랏일을 똑바로 하고 있나 감시하는 역할을 했어. 삼사는 대부분 젊고 똑똑한 관리들로 구성되어 있었지. 이들은 경연 자리나 상소를 통해 나라의 여러 가지 문제점을 지적했어. 이 사람은 이런 잘못을 했으니 쫓아내라, 추운 날에 궁궐을 짓지 말라, 흉년이 들었으니 쌀을 풀어 백성들을 먹여라 등등. 삼사의 관리들은 비록 관직이 높지는 않았지만, 영향력은 막강했다고 해. 예를 들어 성종이 아끼던 높은 관리 중에 임사홍이란 사람이 있었어. 임사홍은 삼사의 충고를 대수롭지 않게 생각하고 반대했다가 맹렬한 공격을 받고 쫓겨나고 말았어. 이렇게 삼사는 권력과 부를 가진 사대부들이 비리를 저지르지 못하게 견제하고 비판하는 기능을 했어.

 COMMENTS

🐢 장하다 : 홍문관이 집현전 기능을 했다면, 실록도 여기서 만들었나요?

↳ 🐱 용선생 : 홍문관은 주로 경연을 담당했어. 역사를 담당한 곳은 '춘추관'
이야. '춘추(春秋)'는 '한 해'를 뜻해.

한국사 퀴즈 달인을 찾아라!

달인 트로피

출발!

01 ★☆☆☆☆

오늘 배운 왕들에 대한 설명이야. 빈칸을 채워 줄 수 있겠지?

조카를 내쫓고 왕위에 올라 왕의 힘을 키웠어.	나라의 제도를 정비하고 《경국대전》을 완성했어.
◯조	◯종

02 ★★★☆☆

세조와 성종이 한 일들을 정리해 놓은 표야. 그런데 틀린 내용이 들어가 있네? 그게 뭘까? (   )

세조	성종
① 쓸모없는 집현전 폐지하기	② 옛 집현전 기능 홍문관으로 옮기기
③ 경연 없애기	④ 경연 살리기
⑤ 왕이 되는 걸 도와준 신하들에게 높은 벼슬 내리기	⑥ 신숙주의 딸과 결혼하기

04 ★★★★★

왕수재가 훈구파와 사림파를 비교했어. 빈칸에 들어갈 내용으로 옳은 것은 무엇일까?

(   )

> 훈구파는 세조가 왕이 되는 데 공을 세운 사람들을 중심으로 생겨난 세력이고, 사림파는 성종 때 정치에 진출하여 힘이 커진 세력이다. _____

① 대표적인 사림에는 한명회가 있다.
② 훈구파 세력들의 대부분은 삼사에서 일했다.
③ 성종 때 사림파와 훈구파의 다툼으로 나라가 혼란스러워졌다.
④ 성종은 훈구파에 맞서기 위해 지방에 있던 사림들을 한양으로 불러들였다.

05 ★★★☆☆

다음 중 《경국대전》에 대한 설명을 엉뚱하게 한 친구는 누굴까? (   )

 ① 조선 최고의 법전이야.

 ② 비리를 저지르는 관리들은 특별히 엄히 다스린다는 조항이 있어.

 ③ 세조 때부터 본격적으로 만들기 시작해 성종 때 완성했어.

 ④ 백정이 농사를 짓거나 곡식을 팔면 곤장 100대를 친다는 조항이 있어.

03 ★★★☆☆

사육신과 생육신을 설명한 글이야. 빈칸에 들어갈 말은 뭘까?

사육신	생육신
(①)를 몰아내고 (②)을 다시 왕으로 세우려다 죽음을 맞이한 사람들을 가리킨다. 성삼문, 박팽년, 이개, 하위지, 유성원, 유응부 등이다.	죽지는 않았지만 끝까지 (①)에게 머리를 굽히지 않은 이들을 가리킨다. 김시습, 원호, 이맹전, 조려, 성담수, 남효온 등이다.

• 정답은 291쪽에서 확인하세요!

떠나 볼까?

용선생 현장 강의

어린 단종이 머무르던
영월을 가다

높다란 산과 구불구불한 강이 흐르는 강원도 영월에 왔어. 영월은 왕위를 빼앗긴 단종이 유배 생활을 한 곳으로 유명하지만, 빼어난 자연환경을 가진 지역으로도 손꼽혀.

영월 한반도 지형

영월군 한반도면에는 우리나라 땅 모양을 그대로 옮겨 놓은 듯한 지형이 있어. 산 위에서 바라보니 삼면이 바다로 둘러싸인 한반도 모양과 같았지. 동쪽에는 울릉도와 독도를 닮은 바위까지 있고, 서쪽에는 모래사장이 펼쳐져 있는데, 마치 서해를 보는 것 같았어! 친구들과 전망대에서 한반도 지형을 배경으로 찰칵! 사진을 찍었지.

영월에서 만난 한반도 지형 영월을 흐르는 평창강 끝머리에는 한반도를 닮은 지형이 있어. 하천의 흐름에 따라 모래가 쌓이고 깎이면서 한반도 지형이 생긴 거야.

○ 영월   ○ 청령포   ○ 영월 장릉   ○ 별마로 천문대   ○ 고씨굴
한반도 지형

청령포 청령포는 한쪽 면은 절벽으로 이루어져 있고 나머지 세 면은 강과 맞닿아 있어.
예나 지금이나 배가 없으면 드나들 수 없는 곳이야.

청령포

우리는 배를 타고 단종이 유배되었던 청령포에 갔어. 청령포에는 단종이 지내던 어소를 재현한 건물과 단종의 모든 유배 생활을 보고 들었다는 소나무 관음송이 있었지. 관음송의 뒤편에는 돌탑인 망향탑도 있었어. 망향탑은 단종이 한양에 남아 있는 부인 정순 왕후를 그리워하며 쌓은 돌탑이라고 전해져.

영월 장릉 청령포에서 죽음을 맞이한 단종은 영월에 묻혔어. 그러나 제대로 된 무덤을 만들거나 제사도 지낼 수 없었지. 단종이 죽은 지 250년이 다 돼서야 지금의 모습을 갖추게 되었대. 장릉은 조선의 다른 왕릉에 비해 묘를 둘러싼 난간석이나 무덤 앞의 석물들이 단출해. 사적.

별마로 천문대 별마로는 별, 정상의 마루, 고요할 로가 합쳐져 '별을 보는 고요한 정상'이라는 뜻이야.

별마로 천문대

영월 봉래산 꼭대기에는 우리나라에서 가장 큰 천문대인 별마로 천문대가 있어. 천문대에 올랐더니 영월 시내가 한눈에 보였어. 이곳에는 지름이 80센티미터나 되는 커다란 망원경이 설치되어 있어. 밤이 되자 우리는 망원경으로 달과 행성, 은하들을 관측했어. 깜깜한 밤하늘에서 별자리를 본 순간을 영원히 잊지 못할 것 같아.

패러글라이딩 별마로 천문대 바로 옆에는 패러글라이딩 활공장이 있어! 이곳에서 영월 시내를 가로지르는 패러글라이딩 체험을 할 수 있지.

고씨굴

고씨굴은 무려 4억 년 전에 만들어진 동굴이야. '고씨굴'이란 이름은 임진왜란 때 의병 활동을 하던 고종원의 가족들이 이곳에 몸을 숨겼기 때문에 붙여진 이름이지. 동굴에는 지금까지도 고씨 가족들이 불을 피워 밥을 해 먹은 흔적이 남아 있어.

고씨굴 내부 동굴에는 종유석과 석순·석주 등 다양한 모양의 석회 바위가 가득해.

고씨굴에 사는 생물 동굴에는 장님굴새우(위), 박쥐 (아래) 등 희귀한 생물들이 많이 살고 있어.

영월 구경에 배고픈 줄도 몰랐네. 우리는 맛있는 먹거리를 찾아 영월 서부 시장에 갔어. 시장에는 강원도의 특산품인 메밀로 만든 음식이 많았어. 그중 메밀전병을 먹었는데 쫀득거리는 메밀 식감과 매콤하고 고소한 맛이 일품이었지!

메밀전병 메밀가루를 반죽해 김치나 배추, 콩나물, 당면 등을 넣어 기름에 지진 음식이야.

사림, 사화를 딛고 일어서다

세조 때 세력을 기른 훈구파와 성종 때 중앙에 진출한 사림파는 갈수록 점점 더 심하게 대립했어. 마침 왕위에 오른 연산군은 신하들의 세력 다툼을 잠재울 수 있을 만한 왕이 아니었지. 결국 훈구파와 사림파의 갈등은 '사화'라는 비극적인 사건으로 이어지게 돼. 사화란 무엇이고, 네 번의 사화는 왜 일어나게 되었을까?

1485 성종이 《경국대전》을 시행하다

연산군이 즉위하다 **1494**

무오사화가 일어나다 **1498**

갑자사화가 일어나다 **1504**

기묘사화가 일어나다 **1519**

이황이 도산 서당을 짓다 **1560**

✔ 알고 있는 용어에 체크해 보자!
☐ 연산군   ☐ 사화   ☐ 조광조
☐ 서원   ☐ 향약

경주 양동마을

“어머, 선생님! 산에 올라갈 거면 진작 얘길 해 주셨어야죠? 이 원피스에 구두는 어떻게 하라고요!”

　'도봉산 입구'라는 팻말 앞에 선 허영심이 투덜거렸다.

　“영심아, 걱정 마. 우린 등산하러 온 게 아니니까.”

　그제야 안심이 되는 듯 표정이 환해진 허영심이 가벼운 발걸음으로 앞장을 섰다. 하지만 그 앞에 떡 버티고 있는 것은 여러 기의 무덤이 솟아 있는 묘지였다.

　“무, 무덤이잖아요? 혹시 성묘하러 오신 거예요? 근데 왜 우리까지 데려오셨어요?”

　“영심아, 여긴 조선의 열 번째 왕 연산군의 무덤이야. 왕릉치곤 좀 초라하지?”

　“연산군이면 저번에 배운 성종 다음 왕인 거죠?”

　요즘 조선 시대 왕의 계보를 외우고 있는 왕수재가 말했다.

"그래. 성종의 맏아들이었지. 연산군은 묘호를 받지 못한 데서 알 수 있듯이 신하들에 의해 쫓겨난 왕이었어. 나라를 다스리는 일보다는 방탕하게 노는 데만 관심이 많았고, 아주 난폭했던 데다가 무시무시한 사화를 두 번이나 일으켰거든."

"사화? 그게 뭐예요?"

곽두기가 똘망한 눈망울을 굴리며 묻자 용선생은 아이들을 근처 나무 그늘 아래로 데려갔다.

연산군 묘 서울시 도봉구 방학동에 있어. 연산군과 부인 신씨의 무덤이 나란히 있고, 그 앞으로 태종의 후궁, 연산군의 딸과 사위 무덤이 있어. 사적.

글 한 편에서 시작된 사림파의 수난

"사화(士禍)란 뜻풀이를 하면 선비들이 화를 입었다는 얘긴데, 선비들이 줄줄이 관직에서 쫓겨나고, 유배되고, 또 죽임을 당했던 일을 가리키는 거야. 이때 화를 입은 선비들은 주로 사림파였지. 연산군 때부터 명종 즉위 때까지 50여 년에 걸쳐 네 번이나 사화가 발생했으니까, 그 시대를 살던 조선의 선비들, 특히 사림파들은 살얼음판 위를 걷듯 위태위태한 시절을 보내야 했어."

"그 사화란 게 왜 생겼는데요?"

용선생이 자못 심각한 분위기를 잡았지만, 장하다는 잘 이해하지 못하는 눈치였다.

"음, 그러니까 말이야……."

용선생은 지난 시간에 배운 사림파와 훈구파의 대립에서부터 이야기를 시작했다.

"성종 시대에 아슬아슬하게 유지되었던 사림파와 훈구파 사이의 균형은 연산군이 왕이 되자 곧 무너지고 말았어. 사건은 〈조의제문〉이라는 글에서부터 시작되었지. 〈조의제문〉이란 '의제의 죽음을 애도하는 글'이라는 뜻이야. 옛날에 중국 초나라에서 항우라는 사람이 의제라는 왕을 죽여 강물에 던져 버린 일에 관한 내용이었지. 그런데 알고 보면 이 글은 세조가 단종을 쫓아내고 왕위에 오른 일을 은근히 꼬집고 있는 글이었어. 왕을 죽인 항우를 세조에, 죽임

을 당한 의제를 단종에 비유하고 있었던 거야. 이 글을 쓴 것은 사림파 신하들의 스승격인 김종직이라는 사람이었어. 그는 이미 죽은 뒤였지. 그런데 사림파 신하 중 한 명이 《성종실록》을 만드는 과정에서 그가 쓴 〈조의제문〉을 실록에 실으려고 한 거였어. 그 사실을 알게 된 훈구파 신하들은 옳거니 하고 연산군에게 일러바쳤지. 훈구파 신하들이 기대했던 대로 연산군은 불같이 화를 냈어."

"선생님, 연산군이 세조도 아닌데 왜 불같이 화를 냈나요?"

곽두기가 고개를 갸웃거리며 묻자 왕수재가 끼어들었다.

"그야 자기 할아버지 얘기니까 그렇지. 연산군이 세조의 증손자니까, 세조가 왕이 된 게 잘못된 거라면 그 왕위를 이어받은 연산군도 제대로 된 왕이 아니라는 뜻이잖아."

"그렇지! 결국 〈조의제문〉에 찬성한 사림파들은 연산군에 대한 반역자가 된 셈이야. 이 일로 사림파 신하들은 큰 화를 당하게 됐어. 실록에 〈조의제문〉을 싣는 일과 조금이라도 연관된 이들은 말할 것도 없고, 그렇지 않은 이들도 대부분 조정에서 밀려났지."

"왜 죄가 없는 사람들까지 내쫓은 거죠?"

"연산군은 평소 사림파 신하들을 영 못마땅하게 여겼거든. 학문에 힘을 쏟아라, 정치를 바르게 하라 하고 잔소리를 하니 이 기회에 사림파 신하들을 싹 몰아내 버린 거야. 이미 죽은 김종직은 무덤을 파헤치고 시신을 끄집어내 벌하는 '부관참시' 형에 처해졌

고, 살아 있는 사림파 신하들은 죽거나 유배를 떠나야 했어.

1498년 무오년에 일어난 이 첫 번째 사화를 무오사화라고 하지."

"으, 사화라는 게 어떤 거였는지 이제 알겠네요."

장하다가 이마를 찌푸리며 중얼거렸다.

연산군, 두 번째 피바람을 일으키다

"연산군은 바른말을 하는 신하들이 없어지자 나랏일은 뒷전이고 술과 여자에 빠져 노는 일에만 열심이었지. 아예 대놓고 '나는 원래 덕이 없다'라고 하면서 신하들이 아무 소리도 못하게 만들곤 했대. 그렇게 몇 년이 흐른 뒤 또 큰 사건이 터졌어. 연산군이 자신의 친어머니가 사약을 받고 죽었다는 사실을 알게 됐거든. 유난히 질투가 심해서 성종의 얼굴에 손톱자국을 내기도 했다는 윤씨는 '성품이 어질지 못해서 국모의 자격이 없다'라는 이유로 왕비 자리에서 쫓겨나 사약을 받고 죽었어. 당시 연산군은 어렸기 때문에 아무것도 몰랐지. 성종은 뒷날 아들이 혹시라도 친어머니의 일을 알게 되면 화를 불러일으킬지도 모른다는 걱정에 아무도 그 일을 입에 담지 말라는 유언을 남겼고. 그러니 신하들은 물론 궁궐 안 그 누구도 폐비 윤씨의 일에 대해서는 비밀로 하고 있었던 거지."

"세상에…… 친엄마가 쫓겨나 죽은 일을 까맣게 모르고 있었으니 충격이 컸겠네요. 그런데 어떻게 알게 된 거예요?"

허영심이 안타까운 표정을 지으며 물었다.

"혼란기에 권력을 잡아 보려는 훈구파 신하가 일부러 연산군에게 일러바친 거였어. 결국 연산군은 폐비 윤씨 사건을 들춰내 다시 한 번 엄청난 피바람을 일으켰어. 우선 표적이 된 것은 폐비 윤씨와 사이가 좋지 않았던 왕실 여인들이었지. 연산군은 친어머니가 그렇게 된 것이 성종의 후궁들이 성종에게 자기 어머니에 대해 나쁘게 말했기 때문이라면서 성종의 두 후궁을 붙잡아다 궁궐 뜰에 꿇어앉혔대. 그러고는 직접 때리고 발길질을 하는가 하면 그 아들들, 그러니까 자신의 배다른 동생들을 불러다 매질을 시키기까지 했다지. 결국 두 후궁은 그 자리에서 맞아 죽었고, 배다른 동생들도 유배를 갔다가 죽임을 당했어. 뿐만 아니라

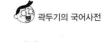
곽두기의 국어사전

폐비
왕비 자리에서 쫓겨난 왕비를 말해.

연산군은 새어머니인 정현 왕후와 할머니인 인수 대비에게도 난동을 부리며 화풀이를 했대. 이 일로 충격을 받아 몸져누운 인수 대비는 얼마 못 가 숨을 거두었지."

용선생은 잠시 이야기를 멈추고 아이들의 표정을 살폈다.

"좀…… 놀랍지? 하지만 이건 시작에 불과했어. 폐비 윤씨 사건과 조금이라도 관련이 있던 신하들은 모두 화를 입게 되었는데, 그 수가 한둘이 아니었어. 폐비가 사약을 받게 되었을 때 조정에 있던 신하들은 하나같이 그에 찬성했었거든. 그러니 관련자가 얼마나 많았는지 몰라. 무오사화 때 겨우 살아남은 사림파 신하들은 물론이고, 훈구파 신하들도 수도 없이 붙잡혀 무서운 형벌을 받거나 처참하게 죽어 나갔어. 이 사건을 갑자사화라고 해. 1504년 갑자년에 벌어진 사화였기 때문이야."

"정말 끔찍하다. 친어머니가 그렇게 죽었다는 걸 몰랐으니 슬프기야 했겠지만, 어쩜 그렇게까지 할 수가 있죠?"

나선애가 부르르 어깨를 떨었다.

"그런데 연산군이 갑자사화를 일으킨 게 꼭 친어머니의 일 때문만은 아니라고 보는 사람들도 있어. 처음엔 폐비 윤씨 문제에서 시작되었지만, 나중엔 왕의 옷자락을 더 넓게 만들자고 하거나 중국에서 수박을 사 오는 일을 좀 줄이자고 했다가 화를 당한 신하들도 있었거든. 왕에게 바른말을 하도록 되어 있는 언관들이야 두말할

 나선애의 개념 사전

언관
언론을 담당하는
홍문관, 사헌부,
사간원에서 일하는
관리들이야.

것도 없었고. 즉, 연산군의 진짜 목표는 신하들이 자신에게 찍소리도 못하게 하는 거였다는 이야기지. 실제로 갑자사화 이후 더 이상 거칠 것이 없는 연산군은 뭐든 제멋대로였어. 언관들이 일하는 홍문관과 사간원을 아예 없애 버리고 경연도 폐지했지. 성균관도 없애고, 그 자리는 아예 잔치를 벌여 먹고 마시는 장소로 바꿔 버렸어. 그리곤 전국에서 여자들을 뽑아다 궁궐 안에서 지내게 했어. 이 여자들을 '흥청'이라고 불렀는데, '흥청망청'이라는 말이 이때 처음 생겨났다는구나."

"왕이 아니라 날건달이네."

왕수재가 꺼림칙한 표정으로 중얼거렸다.

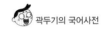

"그뿐이 아니었어. 연산군은 사냥이나 나들이를 나갈 때면 자기가 지나가는 길 주변에 있는 백성들의 집을 모두 비우게 했어. 또 자기 놀이터를 만드느라 백성들이 들어올 수 없는 '금표'라는 지역을 마구잡이로 늘리면서 아예 그 지역에 있는 집들은 다 허물어 버렸어. 금표는 한양뿐 아니라 경기도 주변

금표비 경기도 고양시 대자동에 있는 금표비야. 금표 안으로 들어오는 사람을 처벌하겠다는 내용이 적혀 있어.

지역에까지 점점 많아졌어. 1504년의 기록을 보면 금표에 속한 지역이 동쪽으로는 송파 일대, 북쪽으로는 경기도 양주 일대, 서쪽으로는 경기도 파주 일대, 남쪽으로는 용산·노량진 일대까지 퍼져 있었고, 금표 때문에 쫓겨난 백성들의 수가 2만 명도 넘었대. 연산군이 놀고먹느라 재물을 펑펑 쓰는 바람에 나라의 창고도 점점 비어 갔지. 그 부담은 고스란히 백성들이 떠안아야 했어. 연산군은 온갖 구실을 갖다 붙여서 백성들의 세금이며 공물을 늘렸어."

나선애가 어이가 없다는 듯 "그런 왕을 가만둬요?" 했다.

"응, 당연히 가만둘 수 없었겠지. 연산군은 얼마 못 가서 쫓겨나고 말아. 왕에 대한 불만을 적은 투서가 전국에서 날아들기 시작했고, 신하들도 더 이상은 연산군을 참을 수 없는 지경이었거든. 결국 살아남은 훈구파 신하들이 중심이 되어 몰래 군사들을 모아서는 연산군을 왕위에서 끌어내리고 성종의 둘째 아들을 새 임금으로 세웠지. 그 사람이 바로 조선의 열한 번째 왕인 중종이야. 이 일은 '바른 것으로 되돌린다'라는 뜻으로 '반정(反正)'이라는 말을 붙여 '중종반정'이라고 불러."

"결국 그렇게 됐네요. 쯔쯧……."

영심이 새삼스레 연산군의 무덤에 눈길을 주며 한숨을 내쉬었다.

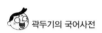

투서

자신의 이름을 밝히지 않고, 남의 잘못이나 비밀을 고발하는 글을 말해.

연이은 사화, 위기에 처한 사림파

"자, 그럼 사림파와 훈구파의 줄다리기는 어떻게 된 걸까?"

용선생의 질문에 나선애가 "훈구파가 중종을 세웠으니까 훈구파가 이긴 거죠" 하고 대답했다.

"그렇겠지? 훈구파 신하들은 다시 중요한 벼슬자리들을 차지하고 세조 때와 비슷한 상황을 만들어 갔어. 하지만 중종은 훈구파 신하들이 시키는 대로만 하는 허수아비 왕이 되고 싶지 않았어. 그는 훈구파에 휘둘리지 않으면서 연산군이 망쳐 놓은 정치를 바로잡기 위해 다시 사림파를 불러들였어. 대표적인 사람이 조광조였어. 성리학에 밝은 데다 대쪽 같은 성품에 바른말을 잘하는 사람이었던 조광조는 중종의 신임을 받으면서 여러 개혁적인 정책들을 강하게 추진해 나갔지. 그는 우선 현량과를 실시해서 벼슬길이 막혀 있다시피 했던 사림들을 다시 끌어모았어."

"현량과가 뭔데요? 시험인가요?"

"응, 현량과란 '현명하고 어진 인재를 뽑는 시험'이라는 뜻인데, 전국 각지의 관리들과 선비들이 추천한 인재들을 모아 따로 시험을 치러서 관리를 뽑는 제도였어. 이때 인재를 추천하는 기준은 학식과 재능뿐 아니라 성품, 행동거지, 평소 생활 태도 등 과거 시험으로는 평

조광조(1482~1519)
개국 공신 집안에서 태어나, 열네 살 때부터 김종직의 제자인 김굉필 밑에서 공부했어. 도를 실천하는 삶을 살기 위해 노력했어.

조광조

가하기 어려운 것들이었어. 물론 현량과를 통해 새로 뽑힌 관리들은 대부분 조광조를 따르는 사림파였지. 이렇게 서서히 세력을 회복한 조광조와 사림들은 한발 더 나아가 훈구파들에게 정면으로 도전장으로 던졌어. 중종이 왕이 되는 데 세운 공을 인정받아서 공신으로 임명된 신하들을 다시 심사해서 공신 지위를 취소하고 그들이 상으로 받은 땅이며 물품들도 나라에 반납하도록 하는 정책을 추진한 거야. 공신이란 왕의 권력을 뒷받침하는 세력이나 다름없으니 이 과정이 쉬울 리 없었지. 하지만 조광조는 끝내 전체 공신의 4분의 3에 달하는 76명의 공신들을 정리해 버렸어."

"호…… 그럼 훈구파들도 가만히 보고만 있진 않았겠네요?"

"그렇고말고. 훈구파 신하들은 조광조를 몰아내기 위해 갖은 궁리를 했지. 중요한 건 중종도 더 이상 조광조의 편이 아니라는 점이었어. 중종은 훈구파 신하들의 허수아비가 되기도 싫었지만, 사림파 신하들이 권력을 잡기를 원하지도 않았거든. 훈구든 사림이든 신하들보다는 왕의 힘이 더 강해야 한다는 생각이 뚜렷했던 거야. 게다가 중종은 사사건건 성리학의 이상과 규범을 내세우며 왕에게도 듣기 싫은 소리를 일삼는 조광조가 성가시게 여겨지는 참이었어. 공신들을 정리하라는 이야기는 왕의 권력 기반을 줄이라는 소리이기도 했으니, 내심 조광조가 괘씸하기도 했을 테고. 그러던 어느 날, 왕의 마음을 눈치챈 훈구파 신하들이 상소를 올렸어. 조광조와 사림파 신하들이 중요한 벼슬자리를 독차지하고 정치를 망치고 있으니 죄를 물어야 한다는 내용이었지. 중종은 이 요청을 받아들여서 조광조와 사림파 신하들을 조정에서 싹 몰아내 버렸어. 이번에도 조광조를 포함한 주요 인물들은 죽이고 나머지는 큰 벌을 주고 귀양을 보내는 식이었지. 이 사건이 1519년, 기묘년에 일어난 기묘사화야."

소쇄원 전라남도 담양에 있는 정원이야. 조광조가 죽자, 그의 제자인 양산보는 관직에 나갈 뜻을 버리고 고향인 담양으로 내려와 소쇄원을 지었어. '소쇄'는 '깨끗하고 시원하다'는 뜻이지.

이야기를 마친 용선생이 곽두기에게 '주초위왕(走肖爲王)'이라고 쓰인 종이를 내밀며 무슨 뜻인지 알겠느냐고 물었다.

"될 위(爲) 자에 임금 왕(王) 자니까, 주초란 사람이 왕이 된다는 뜻이에요. 근데 주초가 누구예요?"

"주(走) 자와 초(肖) 자를 합해 보면?"

"그러면…… 조(趙) 자가 돼요! 조 씨가 왕이 된다는 건가요?"

"그래. 이 '조'라는 글자는 조광조를 뜻해. 기묘사화에 관해서는 이런 이야기도 전해지고 있어. 어느 날 중종이 이상한 나뭇잎 한 장을 발견했대. 벌레들이 갉아 먹은 흔적이 주초위왕이라는 글씨 모양을 이루고 있는 나뭇잎이었지. '조광조가 왕이 되려 한다!' 훈구파 신하들이 나뭇잎에 단물로 이 엄청난 글자를 그려 넣고는 벌레들이 갉아 먹게 한 뒤, 중종의 손에 들어가도록 했다는 거야. 하지만 이 이야기가 얼마나 믿을 만한 것인지는 알 수 없어. 이런 이야기를 전하는 기록들은 후대로 올수록 조금씩 부풀려지고 있거든. 훈구파를 나쁜 신하들로만 그리고 싶었던 사람들이 일부러 만들어 낸 이야기일지도 모르는 일이지."

조광조 선생 적려유허비 전라남도 화순군 능주면에 있어. 이곳으로 유배(적려)를 왔다가 사약을 받고 죽은 조광조를 기리기 위해 세웠어.

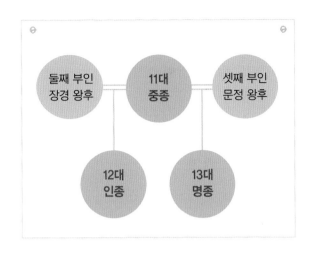

"흠, 어쨌든 사림파는 계속 당하기만 했군요. 그럼 반격을 할 때가 됐으니 네 번째 사화에서는 사림파가 이길 게 분명해요! 어때요, 제 말이 맞죠?"

자신만만한 왕수재의 말에 다른 아이들도 고개를 끄덕였다.

"과연 그랬을까? 안타깝게도 네 번째 사화는 명종 때 일어났어."

"명종이라면 중종 다음 왕인가요?"

"아니, 중종의 뒤를 이은 것은 그의 아들 인종이었지. 하지만 인종은 왕이 된 지 아홉 달 만에 갑작스레 죽고 말았어. 그러자 인종의 배다른 동생인 명종이 왕위에 오른 거야. 그런데 인종의 죽음과 관련해서도 많은 이야기들이 전해지고 있어. 명종의 친어머니이자 인종에게는 새어머니였던 문정 왕후가 인종을 죽음에 이르게 했다는 거야. 자신이 낳은 아들을 왕으로 만들고 싶었던 문정 왕후는 인종을 눈엣가시처럼 미워했다지. 심지어 인종의 처소에 불을 질렀다거나, 독이 든 떡을 먹여서 죽였다는 이야기가 떠돌기도 했대. 어쨌건 명종이 열두 살이라는 어린 나이에 왕위에 오르게 되자, 문정 왕후는 왕을 대신해서 수렴청정을 하게 됐어. 문정 왕후는 자신의 동생 윤원형과 함께 조정을 손아귀에 넣고 주무르기 시작했지. 이들은 권력을 휘어잡기 위해 인종과 그의 외숙부 윤임 일파와 가깝

게 지냈던 신하들, 그리고 자신들에게 반대하는 많은 사림파 신하들을 죽이고 조정에서 쫓아냈단다. 이게 바로 네 번째 사화인 을사사화야. 1545년, 을사년에 일어난 일이었지."

"그럼 이번에도 사림파가 당했단 건가요? 어휴!"

장하다는 너무했다는 듯이 혀를 삐죽 내밀었다.

"을사사화를 '대윤'과 '소윤'의 싸움이라고도 해. 인종의 외숙부가 윤임이고, 명종의 외숙부는 윤원형이었지? 중종의 두 이복 왕자들의 외척이 모두 윤씨였으니까 이를 두고 '대윤'과 '소윤'이라고 부르곤 했대. 중종 뒤를 이어 인종이 왕위에 올랐을 때에는 대윤이 권력을 잡은 듯 했지만, 곧 인종이 죽고 명종이 왕위에 오르자 소윤이 권력을 잡게 된 거야. 이때다 싶은 소윤은 인종의 외척인 대윤에게 권력의 칼을 휘두른 거지. 그 와중에 사림들이 피해를 입은 거고."

"왕들의 어머니와 삼촌들이 한 무리가 되어 서로가 싸운 거였네요. 흐~ 무서워라!"

장하다가 어깨를 씰룩 올렸다.

"이렇게 당한 이상 남은 사림파들이 어디 있었겠어요?" 왕수재가 혀를 내두르자 장하다도 "으, 그렇게 죽고 또 죽었으니 사림은 쫄딱 망했겠구나!" 하며 고개를 잘잘 흔들었다. 그러자 용선생은 아이들을 주욱 둘러보며 뜸을 들인 뒤, 목소리를 한층 내리깔았다.

그러나 사림은 죽지 않았다

"그런데 말이야. 역사란 참 알 수 없는 거란다. 네 번의 사화가 지나간 뒤 마지막에 웃은 사람들은 훈구파가 아니라 사림파였어."

가만히 듣고 있던 장하다가 주먹으로 손바닥을 딱 내리쳤다.

"그렇지! 어떻게 그냥 물러나? 군사들을 풀어서 훈구파를 싹 몰아냈나요? 아님 또 왕을 갈아 치웠나?"

"아니, 그런 방법들을 쓴 게 아니었어. 들어 보렴. 사화에서 겨우 살아남은 사람들은 명종 시대 내내 숨어 지내다시피 해야 했어. 명종이 어른이 된 뒤에도 문정 왕후와 윤원형 일파는 권력을 꽉 쥐고 놓지 않았지. 그러니 조정은 그들에게 아첨해 권세를 얻으려는 신하들로 가득했어. 조정이 그 모양이니 온 나라에 부정과 비리가 넘쳐나고 백성들이 힘 있는 자들의 횡포에 시달리는 것은 당연한 이치였지. 하필 흉년이 이어지는 바람에 굶주림에 시달리던 백성들이 여기저기서 도적 떼로 변하기도 했어. 당시 유명세를 떨쳐 《명종실록》에까지 이름이 오른 도적이 있었지. 바로 임꺽정이야. 임꺽정은 양반집이나 관청의 재물을 빼앗아 백성들에게 나눠 주곤 했대. 그러니 백성들은 그가 잡히지 않기를 바랐다고 하는데, 당시 사회가 얼마나 혼란스러웠을지 짐작이 갈 거야."

백성들이 임꺽정을 응원한 이유를 생각해 봅시다.

《태인 고현동 향약》 임진왜란 때부터 근래까지 약 4백여 년 동안 전라도 태인현 고현동(지금의 전라북도 정읍)에서 시행한 향약에 관한 자료야. 고현향약회 소장. 보물.

"역시 난세에 영웅이 나는 법!"

장하다가 임꺽정 이야기에 신이 나 말하자 왕수재가 얼굴을 찌푸리며 말했다.

"영웅은 영웅인데…… 도둑 선생님이라고 할 수도 없고, 도둑님이라고도 할 수 없고, 난감하네!"

"하하하, 그렇겠구나!"

용선생도 머리를 긁적이며 이어 말했다.

"그런데 애들아, 이 혼란한 상황에서 네 번이나 사화를 당한 사림들이 어떻게 성장할 수 있었을까?"

용선생의 질문에 아이들은 다시 자세를 가다듬고 용선생을 바라보았다.

"뭔가 특별한 방법이 있었을 것 같아요!" 허영심이 한 쪽 눈을 찔끔 감으면서 수상하다는 듯이 말했다.

"그래! 바로 서원과 향약을 통해 지방의 양반들과 백성들의 삶 속에 깊숙이 파고들었단다."

"서원과 향약이 무엇인가요? 어떻게 백성들 사이에 파고들어요?"

"서원과 향약 등을 통해서 지방의 양반들과 백성들의 삶 속에 자신들의 생각을 심어 나간 거야. 서원이란 양반의 자제들을 교육시키는 일종의 사립 학교라고 할 수 있어. 서원은 중종 때 처음으로 만들어졌단다. 백운동 서원이지. 명종 때에는 이 백운동 서원이 나라로부터 '소수 서원'이란 이름을 받게 된단다. 그 뒤로 서원은 점점 더 많아졌어. 바로 사림들이 전국 곳곳에 서원을 세운 거였지. 사림들은 서원을 통해서 자신들의 뜻을 따르는 제자들을 길러 내

조선 시대
학교 탐방!

용선생 현장 강의

소수 서원 원래는 '백운동 서원'이었는데, 명종이 '소수 서원'이란 새 이름과 함께 땅과 노비, 책 등을 내려 보냈대. 이렇게 왕이 이름을 지어 주고 각종 지원을 해 주는 서원을 사액 서원이라고 해. 경상북도 영주에 있어. 사적.

고, 성리학에서 높이 받드는 옛 성현들의 제사를 지내며 힘을 모아 나갔어. 그런가 하면, 향약을 만들어서 고을 안 백성들에게 성리학의 가르침을 전하고 그 규칙에 따라 생활하도록 했지. 향약(鄕約)이란 우리 고을에서 꼭 지켜야 할 약속이라는 뜻이야. 예를 들면 '남의 집 곡식을 빌렸으면 이자와 함께 꼭 갚아라', '나이 많은 어른을 잘 섬겨라', '양반에게는 예의를 잘 지켜라' 하는 내용들이었지. 향약이 자리를 잡아 가면서 백성들은 고을 수령보다 향약을 어기면 혼쭐을 내는 사림들을 더 무서워하게 됐다고 해."

"와, 듣고 보니 그럴 법해요. 궁궐에서 권력 다툼을 하는 대신 백성들 사이에 들어가 살면서 실제로 나라를 다스렸다는 거 아녜요?"

나선애의 말에 용선생은 감탄을 터뜨렸다.

"크~! 선애야, 어찌 그런 깊은 속뜻까지 깨달았느뇨? 맞다, 맞아. 높은 벼슬자리를 차지하지 못했다 뿐이지, 사림은 지방에서 뿌리를 튼튼히 내리며 조선의 숨은 세력가들이 된 거야. 그러다 문정왕후가 죽자 혼란하던 정치는 차츰 안정을 되찾았어. 또 마침 명종의 뒤를 이은 선조는 사림을 조

정에 불러들였고, 다시 중앙에 진출하게 된 사림들은 적극적으로 정치를 이끌어 가게 된 거야. 역시 선애 너는 내 수제자다!"

용선생이 나선애를 추어올리자 은근히 기분 상한 왕수재가 "좀 살살 말씀하세요. 침 튀잖아요" 하며 구시렁댔다. 하지만 용선생은 수재의 말은 들은 척 만 척하며 갑자기 뭔가를 가리켰다.

"앗, 얘들아! 저게 뭐지? 뭔가 이상한 게 저기 있네!"

곽두기가 쪼르르 달려가 보니 커다란 나뭇잎 한 장이 눈에 띄었다. 바람에 날아갈까 싶어 작은 돌까지 고이 얹어 둔 것이, 분명 용선생의 작품이었다. 두기가 나뭇잎을 들고 오는 동안 용선생은 "한바퀴 둘러볼까?" 하며 슬며시 자리에서 일어섰다.

"주초위왕을 흉내 내신 거잖아? 꼭 이런 걸 따라하셔야 되나?"

"대체 언제 와서 이런 걸 만들어 놓고 가셨대?"

아이들은 수군대며 나뭇잎을 들여다보았다. 하지만 나뭇잎에는 크고 작은 구멍만 숭숭 뚫려 있을 뿐 아무 글씨도 읽을 수 없었다.

"어유, 하여튼 우리 선생님이 하시는 일이 다 이렇지 뭐……."

"어쨌든 한 가진 분명해졌네. 나뭇잎에 단물을 발라 주초위왕이란 글씨를 만들었다는 이야기는 과학적으로 뻥이라는 거."

나선애의 말에 모두들 고개를 끄덕였다. 멀리서 그 모습을 본 용선생도 흐뭇한 표정으로 고개를 크게 끄덕거렸다.

'녀석들! 내 재치에 또 한 번 감탄하고 있구나! 이제 모두들 잘 알았니? 나는 하늘이 내린 최고의 역사 선생이라 이거지! 으흐흐!'

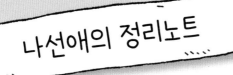

나선애의 정리노트

1. 사화란?

선비들이 화를 입었다는 뜻. 어떤 문제가 터지면 관련된 신하들과
선비들이 줄줄이 관직에서 쫓겨나거나 죽임을 당함

연산군		중종	명종
무오사화(1498년)	갑자사화(1504년)	기묘사화(1519년)	을사사화(1545년)
김종직이 지은 〈조의제문〉이 세조가 단종의 왕위를 빼앗은 걸 비판했다고 김종직을 부관참시하고 사림파 신하들을 유배 보냄	연산군이 어머니인 폐비 윤씨 사건과 관련된 사람들을 죽이거나 유배 보냄	조광조의 힘이 커지는 것을 두려워한 중종이 조광조와 그를 따르는 사림파 신하들을 유배 보냄	문정 왕후가 자신을 반대하는 사림파 신하들을 죽이고 조정에서 쫓아냄

2. 서원과 향약이란?

서원: 양반의 자제들을 교육시키는 사립 학교. 사림파의 뜻을 따르는
　　　제자들을 많이 길러 냄. ☆소수 서원

향약: 고을에서 꼭 지켜야 하는 약속이라는 뜻. 백성들에게 성리학의
　　　가르침을 전하고 그 규칙에 따라 생활하게 함

용선생의 역사 카페

역사계의 슈퍼스타,
용선생의 역사 카페에
오신 걸 환영합니다

Log in

게시판 ∨

📄 역사가 제일 쉬웠어용!
📄 이제는 더~ 말할 수 있다!
📄 필독! 용선생의 매력 탐구
📄 전교 1등 나선애의 비밀 노트

조선의 3대 도적

이익이라는 학자가 쓴 책인 《성호사설》을 보면 홍길동, 임꺽정, 장길산을 '조선의 3대 도적'으로 꼽는 내용이 있어. 얼마나 대단한 사람들이었는지 한번 살펴볼까?

《홍길동전》으로 유명한 홍길동은 연산군 때 인물이야. 홍길동은 못된 부자들과 관리들을 혼내 주며 백성들에게 재물을 나눠 주었다고 해. 게다가 벌건 대낮에 정3품 관리의 차림을 하고 관청을 드나들면서 수령들을 골탕 먹였다고 하니, 참 대담하지?

임꺽정은 명종 때 조선을 떠들썩하게 한 큰 도적이야. 임꺽정은 원래 백정 출신이었는데 어려서부터 힘이 장사인 데다 날쌔고 용감했다고 해. 그는 부자 양반들의 집이나 관청을 습격해서 백성들로부터 거둔 재물을 가져갔어. 백성들은 임꺽정을 의적, 즉 의로운 도적이라고 부르면서 내심 응원했어. 관청에서 임꺽정을 잡으려 들면 숨겨 주기도 하고 달아나도록 도와주기도 했지.

임꺽정의 무리는 점점 대범해져서 한양으로 올라오는 세금을 털기도 했대. 결국 나라 안 모든 군사들이 이들을 잡기 위해 팔을 걷어붙이고 나섰어. 그래도 임꺽정은 쉽게 잡히지 않았고, 오히려 여기저기서 임꺽정을 흉내 내는 가짜 임꺽정들까지 생겨나는 바람에 일은 더 커져 갔어. 그러다가 마침내 임꺽정이 잡힌 것은 체포령이 내린 지 3년이나 지난 뒤였단다. 《명종실록》에는 "그들이 도적이 된 것은 왕정의 잘못이지, 그들의 죄가 아니다"라고 기록돼 있다고 해. 그 당시 사람들도 정치가 잘못되었기 때문에 임꺽정과 같은 도적이 생긴 거라고 꼬집은 거야.

또, 그보다 뒤인 숙종 때에는 장길산이라는 사람이 있었어. 이 사람도 천한 신분인 광대 출신이었는데, 큰 도적이 되어서 이름을 널리 알렸지. 조정에서는 10년이 넘도록 그를 잡지 못하자 많은 상금을 내걸었어. 하지만 장길산은 끝내 잡히지 않았지.

COMMENTS

😆 장하다 : 아, 내가 조선에서 태어났으면 딱 홍길동, 임꺽정인데 말야!

↪ 👧 나선애 : 그래서 지금 도둑질을 하겠다는 거야?

한국사 퀴즈 달인을 찾아라!

달인을 찾아라!

출발!

01 ★★★☆☆

왕의 자리에 있다가 쫓겨난 연산군, 그에 대한 설명으로 옳지 않은 것은? (   )

 ① 조선 역사상 참 보기 드문 폭군이었지.

 ② 〈조의제문〉을 실록에 넣으려던 신하들은 봉변을 당했어.

 ③ 자기 어머니를 왕비 자리에서 내쫓는 데 찬성했다는 이유로 많은 신하들을 죽이기도 했지.

 ④ 전국에서 예쁜 여자들을 뽑아서 시중들게 하는 등 사치스럽게 살았어. 세금도 마구 걷었지.

 ⑤ 근데 의외로 경연에는 꾸준히 참석했대. 언관의 말에도 귀를 기울였고.

02 ★★★☆☆

다음 빈칸에 공통적으로 들어가야 할 단어는 무엇일까? (   )

무오 □□ : 김종직이 세조를 비꼬는 글을 쓴 게 화근이 되어 사림파가 화를 당한 사건.

갑자 □□ : 연산군이 어머니 폐비 윤씨의 죽음에 조금이라도 관련이 있었던 사람들이 화를 당한 사건.

기묘 □□ : 조광조가 반역을 저지르려 한다는 누명을 쓰고 죽었고, 그 주변의 사림파들 역시 죽어 나간 사건.

을사 □□ : 문정 왕후와 그 일파가 자신들에게 반대하는 많은 사림파 신하들을 죽이고 조정에서 쫓아낸 사건.

① 사화 ② 사림 ③ 사초 ④ 사회 ⑤ 사료

04 ★★★☆☆

빈칸이 뻥뻥 뚫려 있네? 밑에 있는 카드를 사용해 채워 보자.

조광조는 (①)파의 희망과도 같은 인물이었다. 중종의 신임을 받아 여러 가지 개혁 정책들을 강하게 밀어붙였다. 현명하고 어진 인재를 뽑기 위해 '현량과'라는 것을 실시하여 사림들을 다시 끌어모았다. 또한 중종이 왕이 되는 데 기여한 사람들인 (②) 들을 다시 심사하여 그 지위를 취소해야 한다고 주장했다. 이러한 조광조의 여러 개혁 정책은 기존의 큰 세력인 (③)파를 화나게 했다.

사림 / 공신 / 훈구

03 ★★★★★

나선애가 사림에 대해 조사를 했어. 밑줄 그은 '방법'으로 옳은 것은 무엇일까? ( )

사림의 성장
네 번의 사화를 당해 위축되었던 사림은 다양한 **방법**으로 지방에서 세력을 키웠다.

① 수령을 감시하는 관찰사를 두었다.
② 현량과를 실시해 사림들을 끌어모았다.
③ 공신으로 임명된 신하들을 다시 심사해 정리했다.
④ 서원과 향약을 세워 양반과 백성들의 삶 속에 파고들었다.

• 정답은 291쪽에서 확인하세요!

조선이 낳은 뛰어난 학자들

성리학의 나라였던 조선에는 수많은 학자들이 있었어.

특히 중종과 인종, 명종, 선조가 차례로 조선을 다스리던 1500년대에는

이름난 학자들이 줄줄이 쏟아져 나왔어.

바로 이 시기에 훈구파와 사림파의 대립이 치열했다는 사실을 기억하고 있지?

사화의 거센 소용돌이를 피해 지방에서 서원을 짓고 세력을 착실히 키워 가던

사림파들 속에서 역설적으로 훌륭한 학자들이 성장할 수 있었던 거란다.

그럼, 조선의 학자들을 만나 볼까?

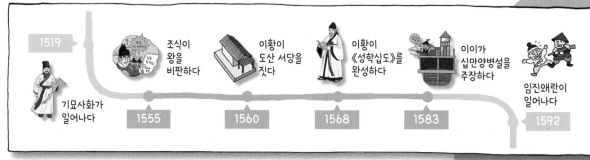

1519 기묘사화가 일어나다

1555 조식이 왕을 비판하다

1560 이황이 도산 서당을 짓다

1568 이황이 《성학십도》를 완성하다

1583 이이가 십만양병설을 주장하다

1592 임진왜란이 일어나다

퇴계 이황

✔️알고 있는 용어에 체크해 보자!
☐ 이황   ☐ 이이   ☐ 서경덕   ☐ 조식

아늑한 안동호가 보이는 언덕, 굽이굽이 이어지는 오솔길을 오르는 역사반 아이들의 얼굴이 발갛게 상기되어 있었다. 주변 경치를 둘러보던 장하다가 용선생의 곁으로 다가섰다.

"우아, 여기가 대체 어디예요? 경치 한번 끝내주네요."

"정말 근사한 곳이지? 어디 보자……."

용선생이 꾸깃꾸깃한 지폐 몇 장을 꺼내 척 들어 보였다.

"와! 오늘 한턱 쏘시는 거예요? 전 탕수육이요!"

"그게 아니라, 여기 그려진 분들을 잘 보라고. 누군지 알겠지?"

멀뚱한 아이들 속에서 나선애가 먼저 "아, 그 5만 원짜리에 있는 분은 신사임당이잖아요!" 했다.

"그렇지. 신사임당이 어떤 분인지도 알고?"

이번엔 허영심이 재깍 말을 받았다.

"그럼요! 신사임당하면 예술가이자 당시를 대표하는 현모양처라고 할 수 있죠!"

"그래, 그 아들은 훌륭한 학자이자 정치가였고."

용선생이 5천 원짜리 지폐를 가리키며 "바로 이분!" 했다.

"진짜요? 그럼 엄마랑 아들이 나란히 돈에 찍혀 있단 거네요."

장하다가 혀를 내두르자 왕수재가 "율곡 이이잖아, 조선의 천재. 몰랐냐?" 하며 장하다를 아래위로 훑어보았다.

"그럼 이분은 누굴까?"

용선생이 이번엔 천 원짜리를 가리키며 물었다. 장하다가 대뜸 "아, 세종 대왕?" 하고 답하자, 왕수재가 "그건 만 원짜리고! 이건 퇴계 이황이잖아!" 하며 저도 모르게 성을 냈다.

"그래, 퇴계 이황은 조선의 큰 학자였어. 여기가 어디냐면, 바로 퇴계 이황을 기리는 도산 서원이라는 말씀!"

끊임없는 노력으로 대학자가 된 이황

우르르 서원 안으로 들어선 아이들은 바깥 경치보다 더 멋진 모

도산 서원　경상북도 안동에 있는 서원이야. 도산은 뒷산의 이름인데, 옹기(그릇)를 굽는 가마가 있어서 옛날부터 도산이라 불렀대. 사적.

습에 감탄을 하며 여기저기 돌아다녔다. 여러 채의 한옥들이 층층이 둘러서 있고, 나지막한 나무들이 건물과 어우러지며 정갈한 분위기를 더하고 있었다.

"서원은 훌륭한 학자의 제사를 지내며 그를 본받아서 열심히 공부하는 곳이야. 그래서 서원 안의 건물들도 크게 두 가지 목적에 맞게 지어져 있어. 하나는 학자의 위패를 모셔 놓고 제사를 지내는 공간, 또 하나는 선비들이 머물며 공부할 수 있는 공간."

"그럼, 선비들은 여기서 제사 지낼 때 말곤 공부만 한 거예요?"

"응. 서원을 이렇게 한적하고 경치 좋은 곳에 지은 것도 선비들이 세상사에 휘둘리지 말고 공부에만 온 힘을 쏟도록 하기 위해서였어. 서원에선 보름에 한 번씩 시험도 치렀어. 성적이 모자란 학생은 쫓겨나기도 했대."

용선생은 아이들을 서원 한쪽의 도산 서당으로 이끌었다. 서당

나선애의 개념 사전

위패
죽은 사람의 이름과 죽은 날짜를 적은 작은 나뭇조각이야. 죽은 사람의 혼을 대신하는 것으로 여겨서 사당에 소중하게 모셔 놓고 제사를 지냈어.

안에는 이황이 머물던 소박한 방도 보존되어 있었다.

"봐라, 저쪽은 방바닥보다 조금 높게 만들어져 있지? 퇴계는 저 위에 책을 놓곤 했대. 책을 머리 위에 놓고자 하는 뜻에서였다지. 얼마나 책을 소중히 여기던 분인지 알 것 같지 않니?"

말을 멈춘 용선생이 갑자기 신발을 벗더니 방 안으로 쑥 들어갔다. 잠시 뒤, 서당 마루에 나와 앉은 용선생은 두루마기에 검은색 두건 차림을 하고 있었다. 천 원짜리에 그려진 이황의 옷과 비슷한 것이, 그의 흉내를 낸 것 같았다. 용선생이 한껏 점잖은 목소리로 말했다.

"어서들 올라와 앉으시게나. 어떤가, 서원에 오니 학문의 향기가 그윽하지 않은가?"

아이들 대부분이 '또 왜 저러실까' 생각했지만 곽두기만은 용선생의 변신이 반가운 모양이었다.

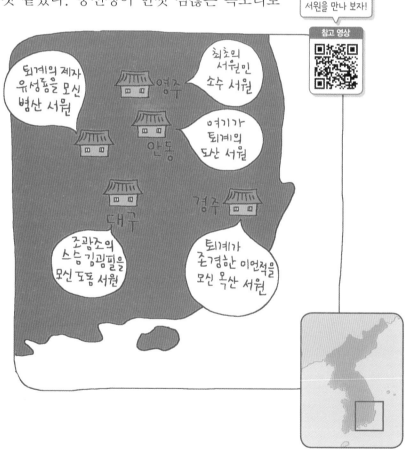

조선이 낳은 뛰어난 학자들

서광명실 책과 책을 찍는
목판을 보관하는 건물이야. 도서관
같은 곳이지.

陶山書院

도산 서원 현판 선조는 한석봉에게 도산 서원의 현판을 부탁하고 싶었어.
하지만 도산 서원은 퇴계 이황을 모신 중요한 곳이니까 한석봉이 매우
부담스러워할 게 분명했어. 그래서 선조는 한석봉에게 글자를 거꾸로 한 자, 한
자 불러 주며 쓰게 했지. 선조의 입에서 마지막 '도' 자가 흘러나오는 순간, 깜짝
놀란 한석봉은 손이 떨려 글씨를 제대로 쓰지 못했대. 그래서 '도' 자가 삐뚤어져
있다고 해.

여기는
전교당! 캬~
조선 시대에
태어났으면 딱
내 수준에
맞는

난
나이가
어리니까
서재!

도서관이다
하~ 난
책 냄새가
제일 좋아

이황 선생이
공부하던
도산 서당이야.

나도
'응서당'이나
지어 볼까?

농운정사 정문에서 제일 가까운 곳에 있어. 도산 서당의
제자들이 머물던 기숙사야. 이 건물은 퇴계 선생이 직접
설계했는데, 공부를 열심히 하라는 의미에서 공부의
'공(工)' 자 모양을 본떠서 지었어. 보물.

도산 서원 A~Z까지!

용선생 현장 강의

전교당 제자들이 스승의 강의를 듣는 강당이야. 스승과 제자들이 모여 학문을 논하던 곳, 바로 서원의 꽃이라고 할 수 있지. 보물.

상덕사 퇴계 이황의 위패를 모셔 둔 사당으로 서원의 가장 뒤편에 있어. 위패를 모시고 제사를 지내는 사당은 가장 중심이 되는 건물이므로 맨 뒤쪽에 있어. 보물.

수업을 받았을 텐데!

여기가 사당이구나. 왜 이렇게 깊숙한 곳에 지었지?

에고 발 아파…

여기가 학생들의 기숙사구나! 내가 나이가 많으니 동재!

동재 동재와 서재는 도산 서원의 유생들이 머무는 숙소야. 동재에 머무는 유생들이 서재에 머무는 유생들보다 선배라고 해. 농운정사도 제자들이 머무는 기숙사라고 했지? 정리하자면 농운정사는 도산 서당의 기숙사이고 동재와 서재는 도산 서원의 기숙사야.

도산 서당 도산 서원 안에 또 도산 서당. 좀 이상하지? 퇴계 선생이 이 서당을 짓고 제자들을 가르치다가 세상을 떠나자, 제자들이 그 뒤편에 도산 서원을 지었어. '서당'은 초등 교육 기관, '서원'은 중등 교육 기관이야. 보물.

이황(1501~1570)
호는 퇴계야. 조선의
성리학이 발전하는
데 기여한 학자이지.
우리나라뿐만 아니라
일본·대만·미국·중국
등에서도 이황의 학문에
대한 연구가 활발하게
이뤄지고 있어.

"어? 선생님이 지금, 퇴계 이황이에요? 히야~!"

"내 소개부터 함세. 나는 1501년에 태어나서 나이 칠십에 눈을 감을 때까지 한평생을 학문에 바친 이황이라 하네. 내가 살았을 때도 분에 넘치는 칭찬을 듣고 살았는데, 후손들도 나를 큰 학자라고 높이 쳐준다고 하더구먼. 이웃 나라 일본에서도 내 학문의 영향을 크게 받아 아직도 나에 대해 연구하는 이들이 있다니, 참 고맙고도 부끄러운 일이야. 어쨌든 반갑네. 궁금한 것이 있으면 뭐든지 물어들 보시게나."

용선생의 말이 끝나자마자 장하다가 간지럽다는 듯 팔뚝을 벅벅 문지르며 궁얼거렸다.

"으, 근데 말투가 왜 그러세요. 그냥 반말로 하시지. 이황 선생님이면 나이도 엄청 많으실 거면서……."

"아닐세. 그럴 수야 없네. 나는 제자들에게도 함부로 이름을 부르거나 '너'라고 말한 적이 없네. 그저 먼저 태어난 것 말고는 내가 그들보다 나을 것이 없는데 어찌 함부로 대할 수가 있겠는가? 기대승이라는 후배 학자와 7년 동안 편지를 주고받으며 논쟁을 벌일 때도 그랬지. 나이 차이가 스물여섯 살이나 났지만, 나는 늘 그에게 예의를 갖추었네. 선비라면 누구나 훌륭한 인격을 갖추어야만 하네. 아무리 학식이 높다 한들 사람됨이 거만하고 불손하다면 제대로 된 학문을 했다고 볼 수가 없네, 암."

"엄청 겸손한 분이었구나……. 근데 평생 공부만 했다면, 벼슬은 안 하셨나요?"

나선애가 퇴계 선생에게 묻는 것인지, 용선생에게 묻는 것인지 모를 말투로 물었다.

"물론 했네. 서른넷에 과거에 급제한 뒤 점점 벼슬이 높아졌지. 하지만 마흔셋에 성균관 대사성 자리에서 물러난 뒤에는 나라에서 내려 주는 벼슬을 계속마다했네. 임금께서 벼슬을 내리시면 사퇴하고, 또 내리시면 또 사퇴하고, 그렇게 반복한 것이 수십 차례일세."

"어머! 왜 그러셨어요?"

"내가 살던 때는 사화로 조정이 뒤숭숭하던

 이황 : 그대가 제 이론을 비판했다는 얘기를 들었습니다.

 기대승 : 덜덜덜. 선배님께 이의를 제기해서 죄송합니다. T^T

 이황 : 아닙니다. 그대 덕분에 제 이론이 잘못됐음을 알았습니다. 그래서 이렇게 고쳐 보았습니다. 이처럼 하면 괜찮을지 모르겠습니다.

 기대승 : 아아, 예!!!!!! 선생님께서 고치신 이론, 최선을 다해 연구하겠습니다! 그나저나 저 같은 애송이도 동등하게 대해 주시고 몸둘 바를 모르겠습니다.

 이황 : 아닙니다. 학문을 어찌 나이로 따질 수가 있겠습니까? ^^ 박식한 그대에게서 배운 바가 많았습니다.

 장하다의 호기심 사전

성균관 대사성
성균관은 조선 최고의 교육 기관이야. 대사성은 성균관의 총책임자로, 정3품의 직위였지.

시기였네. 옳은 뜻을 지닌 선비라면 견디기 어려운 일들도 많이 벌어졌지. 특히 1545년에 을사사화가 일어나고 어린 명종 임금을 대신해서 문정 왕후가 나랏일을 맡아 하고부터는 정치가 한창 어지러웠지. 나는 그 속에서 위태롭게 벼슬을 살기보다는 학문에만 힘을 쏟고 싶었던 걸세. 그러다가 이 낙동강 근처의 토계로 와서 서당을 짓고 학생들을 가르치며 글을 읽고 지내게 되었지. 퇴계라는 호도 그때 지은 것일세. 번잡한 세상에서 물러나 후배들과 함께 책을 읽으며 살겠다는 뜻을 담고 있지."

"퇴계 선생님! 어떻게 해서 그렇게 훌륭한 학자가 되셨어요? 머리가 아주 좋으셨나요?"

곽두기가 천진한 표정으로 묻자, 용선생이 빙그레 웃었다.

"그렇지 않네. 아까도 말했지만 나는 서른이 넘어서야 과거에 급

이황의 편찬서

《성학십도》 성리학의 중요한 열 가지 개념을 그림으로 설명해 놓은 책이야. 어린 나이에 왕위에 오른 선조를 위해 이황이 지었어. 왕이 '성인'이 되어 위대한 업적을 쌓길 바란 거지.

《주자서절요》 주자의 편지를 마디마다 간추렸다는 뜻으로, 주자의 편지를 해석한 책이야. 주자의 사상은 성리학의 가장 중심이 되는 것이기 때문에, 이해하기 쉽도록 설명을 해 놓은 것이지.

제했네. 그 전엔 여러 번이나 과거에 떨어졌었지."

"헤~ 진짜요? 그럼 처음부터 공부를 잘하신 건 아니네요?"

"그렇다네. 내가 나름대로 학문의 경지를 이룰 수 있던 것은 순전히 부지런함과 집중력 덕이었지. 나는 어려서부터 한번 책을 잡으면 옆에 누가 있는지, 시간이 얼마나 흘렀는지도 모르고 정신없이 빠져들었네. 한번은 우리 집 하인이 마당에 곡식 나락을 널어 놓고는 나더러 잠깐 지키라고 한 일이 있는데, 그 앞에서 책을 읽다가 소나기가 오는 줄도 모르고 빠져들어서 곡식을 다 적셔 버린 일도 있지. 책만 읽으며 지내다가 몸에 병이 난 적도 여러 번일세."

장하다가 못 믿겠다는 듯 "사람이 어떻게 그럴 수가 있대요?" 했다.

"그렇게 못할 이유는 또 뭔가? 원래 공부란 시간과 장소를 가리지 않고 온 마음을 쏟아서 해야 하는 걸세. 아무리 모자란 사람도 부지런히, 열심히 공부하다 보면 뜻을 이룰 수가 있지."

"에이, 그걸 누가 모르나요? 해도 안 되니깐 그렇죠."

장하다의 말에 용선생이 갑자기 목소리에 힘을 주었다.

"나는 이런 말을 자주 했네. 몰라서 실천하지 못하는 것은 그 사람의 죄가 아니다. 하지만 알면서 실천하지 않는다면 그건 참된 앎이 아니다. 자네는 아직 '열심히 하면 된다'는 말의 뜻을 잘 모르는 셈이야. 좀 더 공부에 정성을 쏟은 뒤에 다시 생각해 보게나."

그러자 왕수재가 끼어들며 "앤 쉽지 않을걸요? 아마 금방 하신 얘기도 이해 못할 거예요. 저야 다 알아들었지만요" 했다.

"흠, 나는 또 이런 말도 했네. 누구든 잘난 체하지 말고, 말은 함부로 하지 말라. 어흠."

용선생이 눈을 지그시 내리감고 진지하게 말하자 왕수재의 얼굴이 화끈 달아올랐다. 아이들이 고개를 돌리고 키득거렸다.

개혁을 통해 학문을 실천하고자 한 이이

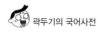 곽두기의 국어사전

장원
장원은 제일
으뜸이라는 뜻인데,
과거에서 1등으로
합격한 것을 말해.
요즘 말로 수석
합격했다는 거야.

"내 소개는 이쯤이면 되었으니, 이제 후배 학자인 율곡에 대해 들려주겠네. 그가 태어난 것이 1536년이니 나보다는 서른다섯 살이 어렸지. 그는 어려서부터 영특하기 짝이 없어서 이미 세 살 때 글을 줄줄 읽었다고 하네. 그땐 높은 관리가 되려면 여러 단계의 과거 시험을 치러야 했는데, 율곡은 아홉 번이나 시험을 치러서 아홉 번 모두 장원을 해 '구도장원공'이란 별명도 얻었다네."

왕수재가 감동적인 이야기라는 듯 "크~" 하며 고개를 크게 끄덕였다. 허영심도 이이의 이야기에는 특히 관심이 가는 모양이었다.

"어머니가 신사임당이라면서요? 그 이야기도 해 주세요!"

"응? 허허. 그래. 신사임당을 좋은 어머니이자 좋은 아내의 모범으로만 기억해서는 안 될 걸세. 그는 남편과 자식 뒷바라지도 잘해 냈지만, 글씨와 시, 그림에서 보인 재능은 조선 최고의 예술가라는 칭찬도 아깝지 않았지. 신사임당이 그린 풀벌레 그림이 얼마나 섬세하고도 생생했던지, 마당에 내놓은 그림을 본 닭이 진짜 벌레인 줄 알고 달려들어 쪼았다는 이야기도 있을 정도라네."

"와, 그 정도였어요? 멋지다!"

허영심이 두 손을 맞잡으며 좋아했다.

"율곡도 그런 어머니를 무척 따랐다더군. 율곡은 어린 시절을 강릉에 있는 외가에서 지내며 어머니께 직접 글을 배웠다네. 그에게 신사임당은 자상한 어머니이자, 든든한 스승이었지. 그런데 그가 열여섯 되던 해, 그만 신사임당이 세상을 떠났다네. 율곡은 온 세상이 꺼진 듯 상심하고 말았지. 그래서 어머님 상을 치른 뒤 훌쩍 깊은 산으로 들어가 버렸다네."

"산에 들어가서 뭘 했는데요?"

이이(1536~1584) 호는 율곡이야. 이황과 함께 조선 성리학을 발전시킨 인물로 꼽히는 위대한 학자야. 이이의 학문을 이어받은 '서인'은 나중에 조선에서 가장 영향력이 큰 정치 집단이 되었어.

신사임당(1504~1551) 사임당은 중국 주나라 문왕의 어머니인 '태임'을 본받겠다는 의미의 호야. 조선 시대 여성이 호를 갖는다는 것은 흔한 일이 아니었는데, 신사임당은 자신의 호를 직접 지었대.

"그는 이리저리 산속을 떠돌기도 하고, 절에 머물면서 스님들과 함께 수양을 하기도 했네. 그런데 당시는 성리학자로서 불교를 가까이한다는 것이 받아들여지지 않던 때였네. 이 일 때문에 율곡은 나중에 다른 선비들로부터 오해를 받고 곤란한 처지에 놓인 적도 있었네. 함부로 불교를 가까이했으니 성리학자로서 자격이 없다는 거였지."

"뭐가 문제죠? 절에서 수양을 한 게 무슨 잘못이라고요?"

장하다가 고개를 갸웃거렸다.

"선뜻 이해가 가지 않을 수도 있겠구먼. 성리학자란 현실 속에서 이상적인 정치를 펼쳐 보이고, 세상의 질서를 바로 세울 수 있는 길을 연구하는 사람이라네. 즉, 성리학이란 알고 보면 무척 현실적인 학문이라는 뜻일세. 그런데 불교에서는 현실에 먼저 관심을 두기보다는 사람마다 마음을 닦아 깨달음을 얻는 것을 중요

신사임당의 〈초충도〉 일부 풀과 벌레를 소재로 삼았다고 해서 〈초충도〉라고 불러. 그림 안의 수박이 먹음직스럽게 보이고, 나비와 풀벌레가 살아있는 것 같지?

하게 여기지. 게다가
자네들도 알다시피 고
려 말의 불교는 썩을 대
로 썩은 모습 아니었는가? 그러니 조선의
성리학자들은 불교를 비판하고 억압하는 방안
을 내놓기도 했다네."

"그럼 율곡 선생님은 그 다음에 어떻게 됐어요?"

곽두기가 뒷이야기를 재촉했다.

"얼마 뒤 불교와 잠시 맺었던 인연을 끊고 산에서 내려왔지. 수양
을 통해 마음을 다스리고 혼자만의 깨달음을 얻는 것은 자기 길이

아니라는 것을 알게 된 걸세. 그는 산에서 내려오자마자 '스스로 경계하는 글'이라는 뜻을 지닌 〈자경문〉이라는 글을 지어 마음을 다잡았네. 평생 자신이 세운 뜻에 따라 올바른 학문의 길을 걷겠다는 결심을 담고 있는 글이지. 이후 벼슬길에 나선 율곡은 어지러운 정치를 바로잡기 위해 치열하게 노력했네."

"그러니까…… 그냥 혼자서 열심히 책만 읽는 학자들과는 달랐다는 말씀이죠?"

"그렇지! 율곡은 여러 벼슬자리에 있는 동안 늘 관리들의 잘못을 바로잡고 제도를 올바르게 만드는 일, 또 백성들을 이롭게 하고 편안하게 하는 일에 온 힘을 쏟았네. 백성들로부터 거둬들이는 부당한 세금과 공물을 줄일 것, 노비법을 고쳐서 관청 노비들의 생활을

이황과 이이의 학문은 어떻게 달랐을까?

이황과 이이의 학문은 다른 내용을 담고 있다고 했지? 어떻게 달랐을까? 성리학에서는 세상이 어떻게 움직이는가를 설명하려고 해. 어려운 말로 '이기론'이라고 하지. 이 세상을 움직이는 원리인 '리(理)'가 있는데, 현실에서는 '기(氣)'의 변화로 리(理)와 차이가 생긴다는 거야. 예를 들어 성리학에서는 사람의 본성이 착하다고 했잖아. 그 착한 본성대로 세상이 움직인다면 참 평화롭고 좋을 텐데 현실은 그렇지 않다는 거야. 왜 그러냐. 바로 기(氣)의 영향을 받아서 기뻐하고, 화내고, 사랑하고, 욕심내는 감정들 때문에 여러 변화가 생긴다는 거지.

성리학자들은 이런 '이기론'으로 세상일을 설명하려고 했어. 이황과 이이도 마찬가지야. 그런데 이 둘의 이야기는 조금 차이가 있어. 이황은 리(理)를 중요하게 생각했어. 세상의 원리이자 인간이 원래 갖고 있던 선한 본성인 리(理)를 연구해서 그대로 따르면 이상적인 세계가 될 것이라고

보장해 줄 것, 신분이나 집안에 얽매이지 말고 재능 있는 인재를
관리로 채용할 것, 또 군사 제도를 완전히 바꾸어 허술한 국방력을
정비할 것 등 사회 전 분야에 걸쳐 개혁안들을 내놓았다네. 율곡이
하도 거침없이 내달리는 바람에 조정의 대신들 중에는 '혼자서 잘
난 척하며 괜히 일을 만든다'라며 그를 미워하는 이들도 적지 않았
지. 거의 같은 시기에 성리학을 공부했네만, 율곡은
나하고는 여러 가지 면에서 참 달랐던 사람이야.
나는 조용히 물러나 학문을 깊이 닦고 싶었지만,
그는 당장 세상을 이롭게 만들고 싶어 했네.
학문의 내용도 조금 달랐지. 나의 학문이 원칙
과 도덕적인 규범 등을 중시한 근본적인 성격을

생각했지. 반대로 이이는 기(氣)에 집중했어. 현실에서는 여러 기가 작용하니 그 기를 연구해서
현실을 개혁해 나가자고 생각했지.

이런 연구는 해서 뭐하냐고 생각할지도 몰라. 그런데 잘 생각해 보렴. 이런 이야기들을 정치에
적용해 보면 이황의 이야기는 원칙을 잘 세우고 거기에 따르자는 주장이 될 수 있어. 거기에 반
해 이이의 이야기는 원칙도 중요하지만 현실적인 조건들을 고려해서 현실에 맞는 방법을 찾자는
주장이 될 수 있지. 선조 이후 정치를 주도했던 사람들은 이황이나 이이의 제자, 후배들이었어.
그래서 이후 조선에서 일어나는 정치적이거나 학문적인 논쟁들은 대부분 이황과 이이의 주장과
연결되어 있어. 앞으로 조선에서 정치적, 학문적 논쟁이 나오면 그 주장이 이황과 이이 가운데
어느 쪽을 따르는 것인지 한번 생각해 보렴.

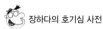

면신례

'신참에서 벗어나는
의식'이라는
뜻이야. 본래는
고려 말에 선배
관원들이 부모의
권력과 배경으로
관직에 진출한
신입 관리들의
기세를 꺾고, 상하
위계질서를 바로잡기
위해 시작됐어.

지니고 있었다면, 율곡의 학문은 사물 속에 깃든 원칙뿐 아니라 눈에 보이는 현상들도 중시하여 한층 실천적인 성격을 띠었다네. 내가 노력파였다면 그는 타고난 천재였고, 내가 겸손을 미덕으로 삼았다면 그는 매사에 자신감이 넘치고 거침이 없었네. 예를 들어 볼까? 처음 관리가 되면 치르는 신고식으로 면신례라는 것이 있었는데, 그게 꽤나 고약했다네. 큰돈을 들여 잔치를 열게 하는가 하면, 짐승 흉내를 내게 하고 더러운 구정물을 마시게 하는 등 보통 고역이 아니었지. 율곡은 처음 관직에 들어섰을 때 이 면신례가 싫어서 아예 사직서부터 냈어. 그리곤 그 나쁜 점들을 자세히 적어 임금께 상소를 올렸지."

"어마! 그러다 따돌림이라도 당하면 어쩌려구……."

허영심의 말에 왕수재가 "천재의 길은 원래 외로운 거거든!" 하며 눈에 힘을 주었다.

이이의 편찬서

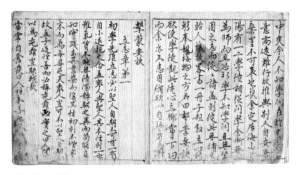

《격몽요결》 율곡 이이가 공부를 시작하는 사람들을 위해
지은 책이야. '격몽'은 '무지함을 쳐서 깨우친다'는 뜻이야.
일상생활에서의 예의범절이나 공부를 대하는 태도 등에 대한
가르침이 들어 있어. 인조 때는 전국의 향교에서 교재로 삼았어.
오죽헌시립박물관 소장. 세로 23.7cm, 보물.

《성학집요》 위대한 성인이 될 수 있는 학문의 요체만을
추린 책이야. 퇴계가 쓴 《성학십도》가 그림을 통해 성학의
길을 제시한 것이라면, 율곡의 《성학집요》는 임금이 '성인'
에 이를 수 있는 길을 글로 설명했지. 정치의 방법까지도
다뤘다는 점에서도 차이가 있어.

"자, 내가 해 줄 이야기는 여기까지라네. 부디 자네들 모두 훌륭한 스승님 잘 모시고 열심히 공부하길 바라네. 어흠."

스스로 깨친 서경덕, 칼 같은 선비 조식

두건을 벗고 원래의 모습으로 돌아온 용선생이 말을 이었다.

"두 사람 말고도 이 시기에는 뛰어난 학자들이 많았어. 대표적으로 서경덕과 조식을 들 수 있지. 두 사람 모두 벼슬길에는 오르지 않은 이들이었어. 먼저 이황보다 10년쯤 앞서 태어난 화담 서경덕은 인격이 아주 훌륭한 선비로 유명했어. 중종 때 조광조가 현량과

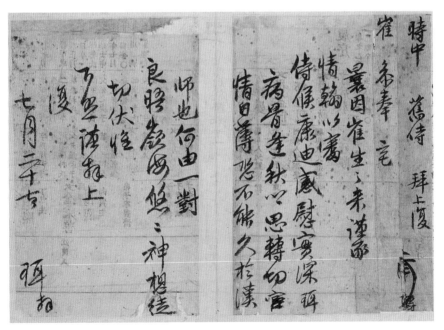

서경덕의 글씨 율곡 이이에게도 큰 영향을 끼쳤다고 알려진 서경덕(1489~1546)은 무척 독특한 사람이었는지 특이한 이야기가 많아. 믿기 힘들긴 하지만 도사 전우치가 도술 대결을 하러 서경덕을 찾아갔는데, 집 근처에서 헤매다가 포기했다는 얘기도 있어.

를 실시해서 사림파 인재들을 조정으로 불러 모은 것 기억하지? 당시 서경덕은 전국에서 후보로 오른 120명 중 1등으로 추천을 받았대. 그런데도 끝내 사양하고 자신만의 학문 세계를 발전시켰지. 특이한 것은 그가 스승도 없이, 또 책에 의지하지도 않고 혼자 공부했다는 점이야."

"혼자 어떻게요?"

곽두기가 묻자 용선생은 갑자기 뒤로 돌아 무릎을 꿇고 앉더니 작은 종이 한 장을 벽에 붙였다. 종이에는 하늘 천(天) 자가 덜렁 그려져 있었다. 돌아앉은 용선생은 아무 말도 없이 그 종이만을 들여다보고 있었다. 곽두기가 다시 "선생님, 뭐 하세요?" 하고 물었다.

"서경덕처럼 공부하는 거야."

"그게 공부예요? 그거라면 저도 할 수 있을 거 같은데요."

장하다가 쪼르르 벽 앞으로 가 용선생처럼 무릎을 꿇었다. 그게 재밌어 보였는지 곽두기도 따라서 그 옆에 가 앉았다. 둘이 얼굴을 마주 보고 킥킥거리자 용선생이 근엄한 목소리로 훈계를 했다.

"인석들아, 그냥 앉아 있다고 공부가 되겠느냐? 궁리를 해야 하느니라! 도대체 이 하늘이란 무엇인가, 하늘과 이 세상은 어떤 관계를 맺고 있는가, 이 글자는 어떤 이치를 품고 있는가 하고 깊이 궁리를 해야지!"

나선애가 고개를 갸웃거리며 "공부를 무슨 도 닦듯이 하는 거네요?" 하고 말했다.

"응, 서경덕은 이렇게 글자를 크게 써서 벽에 붙여 놓고는 밤낮으로 바라보면서 그 의미를 깊게 생각했다는 거야. 그리곤 뭔가 깨달음을 얻고 나서야 다른 글자로 넘어갔다는구나. 이렇게 독특하게 연구한 그만의 학문 세계는 후배 학자들에게도 큰 영향을 미쳤대. 그 결과 조선의 성리학은 더욱 크게 발전할 수 있었던 거지."

용선생이 다시 아이들을 향해 돌아앉자, 하다와 두기도 "벌써 다리가 저려" 하며 제자리로 돌아왔다.

"또 한 사람, 남명 조식이란 학자가 있었어. 이황과 똑같이 1501년에 태어나 활동했던 학자로, 당대에는 이황과 어깨를 견줄 정도였어. 조식은 성리학의 원리를 파고들기보다는 학문의 실천과 현실 비판에 더 큰 관심을 기울였어. 그는 허리에 '항상 깨어 있으라'고 새겨 넣은 방울을 차고 다녔고, '경의도(敬義刀)'라는 칼을 가지고 다녔대. 이 경(敬)과 의(義)는 조식에게 아주 중요한 덕목이었어. '안으로는 자신을 수양하고, 밖으로는 단호하게 옳은 것을 행해야 한다'는 것이 그의 신념이었거든."

"그래도 선비하고 칼은 좀 안 어울리는데요."

허영심의 말에 장하다가 "왜, 멋있는데?" 하며 칼을 휘두르는 흉내를 냈다.

"조식은 분명 학자치고 꽤나 과격했던 사람이었어. 문정 왕후 일파가 을사사화를 일으킨 뒤 권력을 쥐고 흔들 때도 다들 벌벌 떨며 문정 왕후의 눈치만 살폈지만 조식은 눈도 깜짝하지 않았어. 오히려 문정 왕후 때문에 나라가 망할 지경이라며 왕에게 정신 차리고 제대로 나랏일을 돌보라고 상소를 올려서 목숨이 위태로워지기도 했어. 벼슬자리를 수도 없이 사양했던 이황마저 조식에게 비판을 받은 적이 있지. 조식이 보기에는 이황이 10여 년간 벼슬을 했던 것마저 권력자들에게 힘을 보됐던 것으로 비춰졌던 거야. 이황이 매화 같은 선비였다면 조식은 칼 같은 선비였다고 할까? 그래서 그의 뜻을 이어받은 후배 학자들 중에는 나중에 임진왜란이 일어났을 때 의병장으로 나선 이들이 유독 많아."

장하다가 "거봐, 멋있네!" 하며 주먹을 휙 휘둘렀다.

"옛날 선비들은 비슷할 줄 알았는데, 그렇지가 않네요. 공부한 내용이나 방법도 다르고, 느낌도 다 다르고."

나선애의 말에 다른 아이들도 "나는 겸손한 이황이 좋아", "그래도 천재 율곡이 최고지!" 하며 재잘거렸다.

그 모습을 흐뭇하게 바라보던 용선생이 "너희들 배고프지 않니?" 하고 물었다. 그 말이 신호가 되었을까, 어디선가 조그맣게 '꼬르르륵' 하는 소리가 울렸다. 다들 장하다를 쳐다보았지만, 하다는 고개를 절레절레 저었다. 그 옆에 있던 나선애가 살짝 얼굴을 붉히며 고개를 숙였다.

"선생님! 선애 배가 여태껏 많이 참았다는데요?"

선애가 눈을 흘기자, 하다는 "아, 배고프다" 하며 딴청을 했다.

"좋아! 이제 밥 먹으러 가 볼까? 여기까지 왔으니 헛제삿밥을 먹어 봐야지."

"헛제삿밥이 뭔데요?"

헛제삿밥 제사가 없는 날에도 제사 음식을 차려 먹는 걸 말해. 각종 나물에 밥과 간장을 비벼 먹었어. 탕과 전, 물김치 등을 곁들이기도 했어.

"응, 제사 음식들을 차린 거라고 생각하면 돼. 옛날에 말야, 선비들이 밤 늦게까지 글을 읽다 보면 배가 고프지 않았겠니? 그렇다고 밤에 음식 냄새를 피우자니 선비 체면이 상할 것 같고. 그래서 제사 핑계를 대고 음식을 만들어 먹은 데서 비롯된 이름이래. 이 얘기가 사실인지 아닌지, 밤에 먹었는지 낮에 먹었는지, 진짜 제사를 지내고 먹었는지 가짜로 지내고 먹었는지 알 수 없지만."

"히히, 그 이름 한번 재밌네요. 그럼 오늘은 선생님이 쏘시는 거 맞죠?"

제일 먼저 일어선 장하다가 앞장을 서고, 다들 신이 나서 그 뒤를 따랐다. 시끌시끌하던 아이들이 떠나고 다시 고요해진 서당 마루 위로 맑은 바람 한 줄기가 퍼져 나갔다.

나선애의 정리노트

1. 조선의 성리학자들

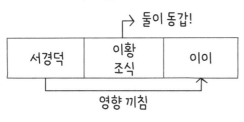

┌→ 둘이 동갑!

서경덕	이황 조식	이이

영향 끼침

2. 이황 vs 이이

	이황	이이
삶의 자세	벼슬(△) → 학문에 힘 쏟음	벼슬(○) → 개혁을 주장
학문의 특징	원칙, 도덕 중시	개혁, 실천 중시
주요 책	《주자서절요》, 《성학십도》	《성학집요》, 《격몽요결》
그 외 특징	도산 서당을 지음	십만양병설 주장

3. 서경덕의 학습 방법

① 독학파: 스승(X)

② 글자에 담긴 이치와 세상과의 관계를 궁리

4. 조식을 설명하는 단어: 비판과 실천!

① 허리에 '경의도'와 '방울'을 차고 다님: 항상 깨어서 현실을 바라본다,

옳은 것을 실천한다는 의미

② 제자들 중 다수가 의병장: 나라를 지키기 위해 전쟁에 직접 뛰어듦

용선생의 역사 카페

역사계의 슈퍼스타,
용선생의 역사 카페에
오신 걸 환영합니다

Log in

게시판 ∨

📄 역사가 제일 쉬웠어용!
📄 이제는 더~ 말할 수 있다!
📄 필독! 용선생의 매력 탐구
📄 전교 1등 나선애의 비밀 노트

서경덕과 황진이

조선 시대에 개성은 '송도 삼절'로 매우 유명했어. '송도'는 '개성'의 옛날 이름이고, '삼절'은 '세 가지 뛰어난 것'을 말해. 바로 개성의 서경덕, 황진이, 그리고 박연 폭포를 가리키는 말이지.

황진이는 개성에서 가장 유명한 기생이었어. 기생이란 잔치나 술자리에서 춤과 노래를 담당했던 여성을 말해. 황진이는 열다섯 살 무렵에 기생이 되었다고 알려져 있어. 한 총각이 황진이를 짝사랑하다가 그만 병에 걸려 죽자 스스로 기생이 되었다는 거지.

그녀는 아름답고 똑똑한 데다가 음악과 춤, 시와 그림 등에도 능통했대. 더구나 낮은 신분의 여성임에도 불구하고 남성들과 대등한 관계를 맺었대. 그래서인지 그녀에 관한 다양한 이야기들이 전해지고 있어.

조선의 왕족 중에 벽계수라는 사람이 있었는데, 그는 '나는 절대 황진이의 유혹에 넘어가지 않을 것이다!'라고 말하고 다녔대. 이 말을 들은 황진이가 그를 불러 시조를 읊었더니, 그녀에게 홀딱 반한 벽계수가 그만 타고 있던 나귀에서 굴러 떨어져 망신을 당했다고 하지.

또 황진이는 스님을 유혹해 파계시킨 이야기로도 유명해. 지족 선사란 스님은 10년 동안 깊은 산속 고요한 암자에서

수련을 했대. 사람들로부터 '살아 있는 부처'란 말을 들을
만큼 칭송을 받았다지. 그런데 그런 스님도 황진이의 유혹
에 넘어가고 말았대.

그런데 황진이의 유혹에 넘어가지 않은 남자가 있었으니 바
로 서경덕이야. 황진이는 비가 오는 날 밤에 일부러 서경덕
을 찾아갔어. 밤이 늦은 데다 비까지 오니 자신을 돌려보내
지 못할 거라 생각한 거지. 그날 밤, 황진이는 서경덕의 마
음을 얻으려고 애썼어. 하지만 아름다운 기생의 유혹에도
불구하고 서경덕의 마음은 전혀 흔들리지 않았대.

서경덕의 인품에 감동한 황진이는 자기를 제자로 받아 달라
고 청했어. 이렇게 해서 당대의 유명한 학자와 기생은 스승
과 제자 사이가 되었대. 사실인지 거짓인지 알쏭달쏭한 얘
기들이지만, 참 재미있지?

COMMENTS

🐟 나선애 : 그런데 지족 선사가 파계? 파계가 뭐예요?

　└ 🍰 용선생 : 깨뜨릴 파(破), 계율 계(契). 그러니까 불교의 계율을 지키지
　　　　　　않았다는 뜻이야. 다른 사람도 아니고 스님이 불교의 계율을
　　　　　　깨뜨렸으니 엄청 큰일이었겠지?

한국사 퀴즈 달인을 찾아라!

달인 트로피

01 ★★☆☆☆

조선의 유명한 성리학자들이야. 누가 누구인지 알아맞혀 볼래?

도산 서당을 지었어. 기대승이란 학자와 편지를 주고받으며 논쟁을 한 적이 있어.	신사임당의 아들이야. 벼슬자리에 올라 어지러운 정치를 바로잡기 위해 노력했어.	벼슬길에 끝내 오르지 않고, 혼자서 공부했어. 글자의 이치를 깊이깊이 궁리했지.	학문의 실천과 현실 비판에 관심이 많았어. 항상 칼과 방울을 몸에 지녔어.
○○	○○	○○○	○○

02 ★★☆☆☆

얘들아, 불교를 가까이했다가 나중에 두고두고 비난받았던 학자가 누구였는지 기억나?

> 🙂 : 율곡 이이입니다.
>
> 😐 : 이이는 어머니 신사임당을 잃고 불교를 공부했어요.
>
> 🙂 : 근데 당시 성리학자들은 불교를 싫어했어요.
>
> 😎 : 불교가 성리학을 억눌렀거든요.
>
> 👩 : 하지만 이이는 성리학에 자신의 길이 있음을 깨닫고 불교와의 연을 끊었어요.
>
> 😆 : 어라, 딴소리를 하는 아이가 있네. 그 아이의 이름은 (   )!

03 ★★★☆☆

각 나라의 화폐에는 그 나라를 대표하는 인물들이 그려져 있어. 우리나라의 화폐와 그 화폐의 주인공을 서로 연결해 보자.

①    • 이황

②    • 이이

04 ★★★★★

장하다가 검색창에 어떤 단어를 검색했어. 이 검색어에 대한 설명으로 옳지 않은 것을 골라 보자. (   )

```
[                    ] 검색
```
검색 결과
훌륭한 학자의 제사를 지내며 그를 본받아서 열심히 공부하는 곳

① 선비들은 이곳에서 공부에 열중했다.

② 관리들의 잘못을 바로잡고 제도를 올바르게 만드는 일에 힘을 쏟았다.

③ 보름에 한 번씩 시험도 치렀는데, 성적이 모자란 학생은 쫓겨나기도 했다.

④ 학자의 위패를 모셔 놓고 제사를 지내는 공간과 선비들이 머물며 공부하는 공간으로 나뉘어져 있다.

• 정답은 291쪽에서 확인하세요!

떠나 볼까?

용선생 현장 강의

선비의 자취를 따라
안동에 가다

경상북도 북쪽에 위치한 안동은 조선 시대의 유교 문화를 고스란히 간직한 도시야. 선비들이 살던 마을과 공부하던 곳이 고스란히 남아 있는 안동으로 가 볼까?

병산 서원

병산 서원은 도산 서원과 함께 우리나라를 대표하는 서원이야. 임진왜란 당시 선조를 수행하며 일본군을 물리치는 데 공을 세운 류성룡의 업적을 기리고 인재를 키워 내기 위해 세워졌어. 선비들이 공부하던 입교당, 기숙사인 동재와 서재, 누각인 만대루를 둘러보았지. 그리고 류성룡이 제자를 가르치던 자리에 심었다는 배롱나무들이 꽃을 활짝 피운 모습도 봤어.

붉은 꽃을 피운 배롱나무

병산 서원 만대루 만대루에 오르면 낙동강과 병산의 풍경이 한 폭의 그림처럼 펼쳐져. 선비들은 만대루에서 자연을 바라보며 공부에 지친 몸과 마음을 달랬을 거야. 만대루는 200명이 들어가고도 남을 정도로 커. 보물.

하회 마을

서원에서 차로 10분 정도 가면 낙동강
줄기에 둘러싸인 하회 마을을 만나볼
수 있어. 하회 마을은 '풍산 류씨'가 살던 마을이야.

하회 마을을 감싸 안은 낙동강 줄기

이곳에는 양반들이 살던 기와집과 일반 백성들이 살던 초가집이 잘 보존되어 있지. 하회 마을은
조선 시대의 유교와 양반 문화를 오랜 세월 유지해 와 유네스코 세계 문화유산으로 등재되었어.

하회 마을에서는 약 500년 전부터
마을의 평화와 안녕을 위해 하회 별신굿
탈놀이를 해 왔대. 지금도 정기적으로
탈놀이를 공연하고 있어. 신명나는 탈놀이를
보다보니 나도 모르게 어깨가 덩실거렸어.

하회 별신굿 탈놀이

봉정사

우리는 봉정사에 갔어. 봉정사 극락전은 우리나라에서 나무로 만든 건물 중에서 가장 오래되었대. 봉정사에는 극락전 외에도 대웅전, 고금당 등 많은 국보와 보물들이 있었는데, 그 가치를 인정받아 유네스코 세계 문화유산으로 등재되었지.

봉정사 극락전 극락전은 아미타불을 모시는 건물로 고려 시대에 세워졌어. 건물 앞의 탑도 극락전과 함께 세워진 것으로 짐작돼. 국보.

만휴정

봉정사에서 차로 한참을 달려 산속에 위치한 조선 시대의 누각인 만휴정에 갔어. 만휴정은 조선 시대의 문신 김계행이 지은 누각이야. 김계행은 이곳에서 녹서와 사색을 즐기며 노년을 보냈대. 폭포와 개울, 산 등 자연과 정자가 어우러진 아름다운 곳이었지!

만휴정 건물 정면을 마루 형식으로 개방해 자연을 볼 수 있게 했고, 양쪽 방은 학문을 공부할 수 있게 했어.

월영교는 낙동강을 가로지르는 나무 다리인데, 나무 다리로는 우리나라에서 가장 길대. 월영교에는 조선 시대 어느 한 부부의 애절한 사랑 이야기가 담겨 있어. 어느 날 남편이 먼저 세상을 떠나게 되자 아내가 남편을 사랑하는 마음을 담아 머리카락을 뽑아서 한 켤레의 신을 만들었다는 이야기야. 이 다리는 아내가 만든 신의 모양을 본떠 만든 거래.

안동에 왔으면 안동 찜닭을 먹어 봐야지! 쫄깃한 닭고기와 달콤 짭조름한 양념이 배인 당면을 맛보니 젓가락을 멈출 수 없더라고! 배가 빵빵해질 정도로 많이 먹었어.

안동 찜닭 많은 사람들이 안동 찜닭을 안동의 전통 음식으로 알고 있지만 실은 만들어진 지 얼마 안 된 음식이야. 안동 시장의 상인들이 1980년대에 개발했대!

8교시

신분 체험! 조선에 살다

조선 사람들의 삶과 지금 우리의 삶은 다른 점이 많아.

가장 큰 차이는 조선이 신분제 사회였다는 점에서 찾을 수 있지.

조선 시대 사람들은 타고난 신분에 따라서 서로 다른

권리와 의무를 지녔기 때문에 일상생활도 신분마다 제각각이었단다.

어떤 모습이었을지 궁금하지?

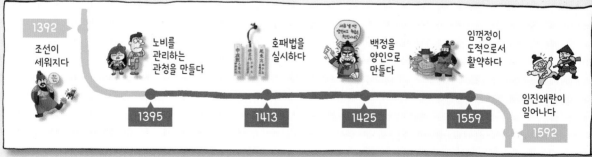

1392 조선이 세워지다

1395 노비를 관리하는 관청을 만들다

1413 호패법을 실시하다

1425 백정을 양인으로 만들다

1559 임꺽정이 도적으로서 활약하다

1592 임진왜란이 일어나다

알고 있는 용어에 체크해 보자!

□ 관혼상제　　□ 양반　　□ 중인
□ 상민　　□ 천민

김득신의 〈노상알현도〉

한적한 길을 한참 지나고 나서야 용선생과 아이들이 탄 미니 버스는 멈추었다.

"여기다! 다 왔어!"

낮은 기와지붕과 초가지붕들이 옹기종기 모여 앉은 모습이 사극 속에서 본 조선 시대 마을과 똑같았다. 마을 입구에는 웬 한복 차림의 아저씨와 아줌마가 마중을 나와 있었다.

"용선생! 어서와, 오랜만이야!"

"얘들아, 인사해. 이분들은 조선 시대 체험 마을을 운영하고 있는 전통 문화 지킴이 분들이야. 나하곤 오랜 친구 사이기도 하지."

"여러분, 환영해요! 자, 어서 들어갑시다! 마침 좋은 볼거리가 있어요!"

쾌활하게 인사를 건넨 두 사람이 용선생과 아이들을 데리고 마을 안으로 들어가자 눈앞에 관료 옷으로 잘 차려입은 신랑과 연지 곤지를 찍고 족두리를 쓴 신부가 맞절을 하고 있었다.

"이야~ TV에서만 보던 전통 혼례를 볼 줄이야!"

뜻밖의 광경에 신이 난 아이들이 하객들 속으로 섞여 들어갔다.

 ## 조선의 가정 행사 키워드 '관혼상제'

하객들이 신랑 신부 머리 위로 팥과 쌀을 뿌리고, 하나둘씩 자리를 뜨자 아이들도 용선생 곁으로 몰려들었다. 신부가 된 자신의 머리 위로 팥과 쌀이 꽃비처럼 흩날리는 모습을 상상하고 선 허영심을 장하다가 마지막으로 데리고 나왔다.

"얘들아, 다 모였니? 이제 곧 조선 시대를 체험하게 될 거야. 그전에 우리가 꼭 알아 두어야 할 것이 있어. 바로 조선 시대 사람들이 중요하게 생각한 가정 행사야!"

"가정 행사요? 각 가정마다 공통적으로 치른 행사가 있었던 건가요?"

"맞아, 선애야. 사실 오늘날에도 이어지고 있지. 물론 그 형식과 모습은 조금씩 달라졌지만 말이야. 방금 우리들이 본 조선 시대 결혼식인 '혼례'도 조선 시대 가정 행사 중 하나란다."

"또 뭐가 있나요? 궁금해요!"

혼례 장면을 유난히 재밌게 본 허영심이 물었다.

용선생이 가방에서 네모난 카드 몇 장을 꺼냈다. 큼지막하게 '관혼상제(冠婚喪祭)' 글자가 네 장의 카드에 한 글자씩 쓰여 있었다.

용선생이 카드를 순서대로 나열하자 곽두기가 나섰다.

"갓 관, 혼인할 혼, 잃을 상, 제사 제. 관을 쓰고, 결혼을 하고, 장례를 치르고, 제사를 지낸다는 의미잖아요. 할아버지께 이미 배운 거예요."

"그래. 두기야. 잘 알고 있구나. 그럼 하나씩 살펴보자. 먼저 관은 아이가 자라서 15살이 넘으면 좋은 날을 받아서 어른이 되었음을 알리는 의식이야. 일종의 '성년식'이라고나 할까? 남자는 '관례'라고 해서 상투를 틀고 관을 씌어 줬고, 여자는 '계례'라고 해서 머리를 쪽 지어 비녀를 꽂았지!"

"저도 곧 있으면 어른이! 으하하" 장하다가 들뜬 마음에 말하자 왕수재가 "너만 되냐? 나도 곧 된다! 꼬마야!"하고 놀렸다. 장하다가 투덜대는 사이 용선생이 말을 이었다.

"자, 그럼 성년이 됐으니 좋은 짝을 만나 가정을 꾸려야겠지? 남자와 여자가 만나 평생을 함께할 것을 약속하는 혼례를 치렀단다. 혼례를 할 때는 신랑은 궁궐에서 일하는 관료들의 옷을 입고, 신부는 큰 경삿날에 공주가 입는 옷을 입었지."

"평소에 입지 못하는 벼슬아치나 왕실의 옷 등을 걸치는 것은 그

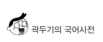

곽두기의 국어사전

계례(筓禮)
비녀 계(筓), 예절 례(禮)로 여자가 성인이 되었음을 뜻하는 의례야. 주로 결혼을 앞두고 의식을 치렀대.

관례 - 어른이 되다

혼례 - 결혼을 하다

상례 - 장례를 치르다

제례 - 제사를 지내다

만큼 인생에서 중요한 행사란 거겠죠?"

나선애 말에 용선생도 고개를 끄덕였다.

"그리고 세월이 흘러 부모님이 돌아가시면 장례를 치러야 하지. 그때는 상복을 입고 돌아가신 분을 추모하는 거야. 그것을 '상례'라고 한단다. 이후 해마다 부모님이 돌아가신 날에 맞춰 정성스럽게 제사를 지냈어. 이것이 관혼상제의 마지막 순서 '제례'라고 해."

"선생님, 지난주에 저희 집에서 할아버지 제사를 지냈어요!"

왕수재가 친척들과 함께 할아버지를 추모하고 다 함께 음식을 먹은 기억을 떠올리며 말했다.

"그랬구나, 수재야. 그런데 관혼상제 절차가 처음부터 잘 지켜진 건 아니란다. 조선 초에는 백성들에게 유교보다는 불교나 민간 신앙이 좀 더 익숙했거든. 그래서 관혼상제가 각 가정에 자리 잡는 데에는 시간이 좀 걸렸어. 하지만 나라에서는 지속적으로 성리학의 가르침을 강조했단다. 세종 때 《삼강행실도》를 지어서 백성들에게 널리 보급했던 거 기억나지?"

"아, 조선 시대 도덕책 말씀하시는 거죠?"

"그래. 《삼강행실도》에는 임금과 신하, 아버지와 자식, 남편과 아

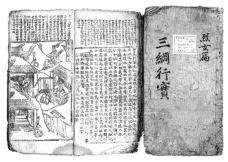

《삼강행실도》 세종 때 백성들 사이에 효와 충을 강조하기 위해 만들었어. 중국과 조선을 통틀어 성리학 가르침의 예로 모범이 될 만한 사례를 모았지. 효자 · 충신 · 열녀편 3부작으로 돼 있고, 사례마다 글과 그림으로 설명하고 있어.

내 등 사람 사이에 지켜야 할 도리인 '삼강오륜'의 내용을 담고 있어. 또 백성들도 이해하기 쉽게 그림으로도 표현해 놓았지."

용선생과 아이들이 집중하고 있는 사이, 지킴이 아저씨와 아줌마가 아이들 옆에 성큼성큼 다가와 말했다.

"얘들아, 본격적으로 조선 시대를 체험할 시간이다!"라고 외치더니 아이들의 등을 막무가내로 떠밀었다.

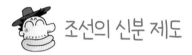

조선의 신분 제도

그로부터 십 분쯤 흐른 뒤, 으리으리한 기와집 마당에 모인 아이들의 옷차림은 조금 전과는 완전히 달라져 있었다. 비단옷을 입고 머리에 기다란 두건을 쓴 곽두기는 한눈에 봐도 양반집 도련님이었다. 하얀 저고리에 검정색 몽당치마를 받쳐 입은 나선애는 농민의 딸, 몸에 울긋불긋한 천을 두르고 허리를 잘록하게 묶은 장하다는 사당패의 어린 재주꾼이 되었다. 너덜너덜한 삼베옷이 그나마도 몸에 작아 소매와 발목이 껑충 올라간 수재, 그리고 지저분한 얼룩이 덕지덕지 묻은 해진 치마저고리를 입은 영심은 노비였다. 허영심은 거의 넋이 나간 채 "이럴 순 없어……." 하고 중얼거렸다.

지킴이 아저씨가 아이들을 마당에 깔린 멍석에 앉히더니 들뜬 목소리로 입을 열었다.

"어허, 보기 좋다! 여러분은 곧 조선 시대로 들어가 신분 체험을 하게 됩니다. 그 전에 먼저 신분 제도에 대해 좀 알아볼까요? 조선의 신분 제도는 두 가지 방식으로 이야기할 수 있어요. 첫 번째는 법적인 분류입니다. 조선의 법은 모든 사람을 '양인'과 '천인'의 두 신분으로 나누었어요. 양인(良人)이란 평범한 보통 사람을 뜻하는 말이에요. 나라의 백성으로서 세금을 내고 군대에 갈 의무를 지는 동시에 과거 시험을 통해 관직에 나아갈 수 있는 권리도 갖는 사람을 가리킵니다. 반면에 천인(賤人)은 천한 사람이라는 뜻을 가진 말이에요. 이들은 세금을 내거나 군대에 갈 의무도 없었지만, 관직에 오를 자격 또한 주어지지 않았어요. 공식적으로는 노비만이 천인 신분에 속했죠. 자, 그럼 두 번째 분류는 뭐냐? 조선 사람들의 사회적 신분은 양반, 중인, 상민, 천민으로 나눌 수 있어요. 여러분도 이 두 번째 분류가 더 익숙할 거예요. 법적으로는 양인과 천인으로만 나뉘어 있었지만 실제로는 이 네 신분에 따라 사회가 유지된 겁니다. 네 신분 중에서 가장 수가 많았던 것은 상민이었어요. 농민과 수공업자, 상인이 모두 상민에 속했죠. 법적으로는 이들도 양인이었기 때문에 관직에 오를 자격이 있었지만, 실제로는 그런 일이 거의 없었어요. 돈도 없고 할 일도 너무 많았기 때문에 한가하게 공부를 할 수 있는 처지가 아니었거든요."

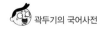

곽두기의 국어사전

상민
'보통 사람'이란 뜻이야.

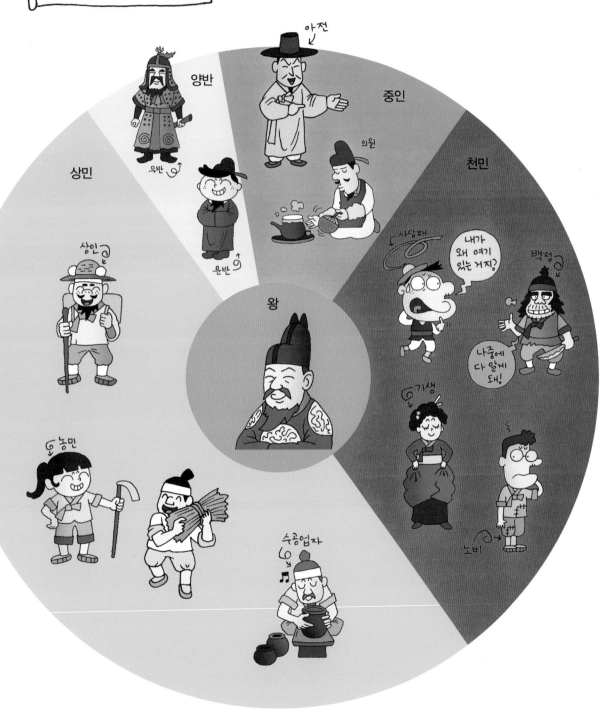

조선의 신분 제도

"그럼 양반은요?"

아저씨의 설명을 열심히 듣던 곽두기가 비단 옷자락을 만지작거리며 물었다.

"양반(兩班)은 원래 문과 시험에 합격한 문반(文班)과 무과 시험에 합격한 무반(武班)을 합쳐 부르는 말이었어요. 열심히 공부하고 과거 시험에 합격해 관리가 되어 백성들을 잘 다스리는 일이 양반에게 주어진 책임이었답니다. 이들은 지배층이었기 때문에 가장 많은 특권을 누렸어요. 다음, 중인은 양반보다는 낮고 상민보다는 높은 중간 신분이었어요. 관청의 낮은 구실아치인 아전, 통역을 하는 역관, 병을 치료하는 의원, 그림 그리는 화원, 날씨를 살피고 시간을 재는 천문관이 다 중인이었어요."

장하다가 "우아, 그거 다 전문직 아니에요?" 하고 되물었다.

"요즘 같으면 누구나 인정하는 전문직 엘리트들이지만 조선 시대에는 이런 전문적인 지식이나 기술을 은근히 업신여겼어요. 그러니 중인은 아무리 능력이 뛰어나고 일을 잘해도 벼슬아치가 되긴 어려웠죠. 마지막, 천민은 가장 천하게 여겨지던 사람들이에요. 굿을 하는 무당, 술자리에서 춤과 노래로 흥을 돋우던 기생이나 악기를 연주하는 악공, 가축을 잡거나 고기를 팔던 백정, 주인의 재산이나 마찬가지였던 노비 등이 천민으로 여겨졌어요."

설명을 마친 지킴이 아저씨가 손바닥을 딱딱 치며 갑자기 서두르

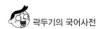

곽두기의 국어사전

구실아치
벼슬아치 밑에서 실무 일을 보던 사람이야. 관아[衙] 앞[前] 건물에서 일을 한다고 해서 아전(衙前)이라고 불리기도 해.

기 시작했다.

"자! 이 정도면 됐어요. 나머진 직접 체험하면서 알아 갑시다! 저는 요 아랫집 사는 농민이고 이쪽은 이 집 안방마님이십니다. 그럼 안방마님의 지시를 잘 따라 주기 바랍니다."

아저씨의 소개에 지킴이 아줌마가 미소를 지으며 "모두 잘 부탁해요~" 하고 인사했다. 하지만 다음 순간, 지킴이 아줌마, 아니 안방마님의 목소리는 싹 바뀌어 있었다.

"넌 물지게를 지고 가서 물부터 길어 오너라. 그리고 넌 저기 문간방에 넣어 둔 마른 빨래를 개고."

유숙의 〈범사도〉
역관들은 중국이나 일본에 사신으로 가기도 했어. 이 그림은 역관이 탄 배가 폭풍에 휘말려 뒤집힐 뻔했던 순간을 그린 거야.

유숙의 〈수계도〉
30여 명의 중인 출신
문인들이 모여 시를 짓는
장면을 그린 거야. '수계'
란 시를 짓는 모임을
뜻해.

왕수재와 허영심이 멍하니 눈만 끔벅거리자 대뜸 "어서 움직이지 않고 뭣들 하느냐?" 하며 냉랭한 눈빛을 보내는 안방마님. 그 서슬에 다른 아이들도 슬금슬금 자기 자리를 찾아 움직이기 시작했다.

사람 취급을 받지 못했던 노비

　왕수재와 허영심은 그 뒤로 참으로 긴 시간을 보내야 했다. 수재는 낑낑거리며 물을 세 번이나 길어 온 뒤 담장 밖에 쌓여 있던 땔나무를 옮기기 시작했다. 안방마님의 방을 쓸고 닦고, 빨래까지 다 갠 영심은 쉴 틈도 없이 부엌의 아궁이 앞에서 불을 지펴야 했다. 연기가 매워 기침이 나기 시작하는데 헥헥, 지친 숨소리와 함께 수재가 부엌에 들어섰다.

　"난 더 이상 일 못하겠어! 헥헥, 저 사람들 제정신인 거야? 헥헥. 아, 배고프다. 여기 먹을 거 좀 없냐?"

　"콜록! 없어. 아까 그 아줌마가 와서 먹을 거 훔쳐 먹을 생각 말라던데, 콜록! 아무것도 없다고."

　"뭐야? 이렇게 부려 먹으면서 그게 할 소리냐!"

　"왜 나한테 화를 내?"

　"아, 밥 안 줍니까, 밥!"

　성질이 난 수재가 빽 소리를 질렀다. 그러자 등 뒤에서 "아마 안 줄걸" 하는 소리가 들렸다. 용선생이었다.

　"조선 시대에는 보통 아침밥, 저녁밥 두 끼만 먹었어. 게다가 너흰 노비잖아. 보통 노비들은 하루에 두 끼도 겨우 먹었어. 먹을 게 모자라는 계절에는 하루 종일 굶으며 일만 하기도 했지."

〈경직도〉 노비들은 벼의 낟알을 털거나 지붕을 잇고 있고, 주인은 손자와 함께 구경을 하고 있어. 노비들의 삶을 엿볼 수 있는 그림이야.

"뭐라고요? 진짜 이 사람들이! 굶기면서 일만 시킨다고요?"

그 어느 때보다 흥분한 왕수재가 씩씩거리는 모습을 보며 허영심도 분이 치밀었다.

"말도 안 돼 정말! 내가 왜 노비가 된 거야? 내가 대체 왜?"

그러자 용선생이 냉큼 말을 받았다.

"네가 왜 노비가 되었냐고? 만약에 너희 집안이 오래전부터 노비 집안이었다면 조상이 어디선가 전쟁 포로로 잡혀 왔을 거야. 아니면 원래는 농민 집안이었는데 가난해서 굶어 죽게 생겼으니 양반집에 너희를 노비로 팔았을 수도 있고. 어쩌면 양반집에서 태어났는데 너희 아버지가 큰 죄를 지어서 벌을 받아 노비가 된 걸지도 모르지."

용선생의 말에 뾰로통하던 영심의 표정이 달라졌다.

"어? 그럼 원래는 노비가 아니었을지도 모른다는 말이잖아요? 그럼 다시 다른 신분이 될 수도 있겠네! 그러니까, 만약 노비인 제

가 양반하고 결혼해서 아이를 낳
으면 그 아이는 양반이 되는 거
죠?"

용선생이 기대에 찬 영심의 눈
길을 피하며 고개를 저었다.

"미안하지만 영심아, 그 아이
도 무조건 노비야. 노비는 주인
의 재산이나 마찬가지라고 했잖아. 아버지가 누구든 여자 노비가
아이를 낳으면 주인집 노비가 되는 거야. 마치 가축이 새끼를 낳으
면 주인이 갖는 것처럼. 그래서 양반들은 여자 노비들이 아이를 많
이 낳기를 바라기도 했어. 만약 아이의 아버지만 노비이고 어머니
는 노비가 아니라면 그땐 아기가 아버지의 주인집 노비가 되었어."

"그럴 수가…… 아, 너무해……."

그때 부엌에 들이닥친 안방마님이 수재를 보고 호통을 쳤다.

"아직도 옮겨야 할 땔나무가 잔뜩인데 여기서 게으름을 부리고
있으면 어쩌느냐?"

하지만 이번엔 수재도 지지 않았다.

"아, 몰라요! 배가 고파서 꼼짝도 못하겠어요. 밥이나 주세요!"

"참 뻔뻔한 녀석이로구나. 게으름뱅이 종놈한테 밥은 먹여서 뭐
하려고?"

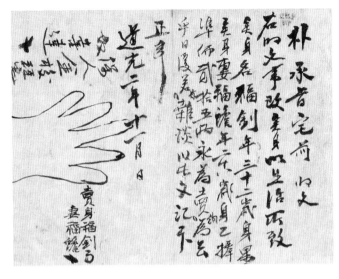

〈자매문기〉 자기
자신이나 가족을 노비로
파는 사실을 기록한
문서야. 1822년 복쇠
(32세)라는 사람이
자신을 처 복섬(28세)
과 함께 엽전 25냥에
박승지에게 판다는
내용이 기록돼 있어.
위의 손바닥 그림은
복섬의 손이야.

안방마님이 왕수재의 머리를 꽁 쥐어박자, 왕수재가 벌떡 일어나 소리를 질렀다.

"아야, 왜 때려요! 진짜 너무하는 거 아닙니까? 세상에 이런 법이 어딨습니까!"

"이런 괘씸한 녀석! 오냐, 네놈이 오늘 멍석말이를 한번 당해 봐야 정신이 들겠구나!"

서슬 퍼런 안방마님의 호통에 어디선가 몽둥이를 든 아저씨들이 우르르 나타나 왕수재를 마당으로 끌어냈다. 멍석 위에 내동댕이쳐진 왕수재는 당장이라도 그 멍석에 둘둘 말려 몽둥이찜질을 당할 판이었다.

"허엉~!"

생각지도 못한 상황에 수재의 입에서는 우는 소리가 절로 나왔다. 그때, 한 사람이 안방마님에게 굽실거리며 입을 열었다.

"마님, 천한 것이 아직 철이 없이 까불어 댄 모양입니다. 괜히 두들겨 팼다가 몸만 상하면 어디 일이라도 시키겠습니까요. 불쌍히 여기시고 한번 눈감아 주십지요."

그러자 망설이던 안방마님은 못 이기는 척 고개를 끄덕였다.

"그 말도 틀린 소리는 아니구나. 그래도 버릇은 고쳐 줘야겠으니 저놈 오늘 저녁밥은 주지 말게."

겁에 질린 왕수재가 몽둥이를 든 아저씨들 사이에서 발버둥을 쳐

봤지만 안방마님 결정엔 변함이 없었다. 서러워진 왕수재가 "엄마아!" 하고 큰 소리로 울자 허영심은 시끄럽다는 듯이 귀를 틀어막고 얌전히 아궁이 앞으로 돌아갔다.

농민은 나라의 근본

한편, 나선애는 안채에서 농부 아버지와 함께 떡으로 만들 쌀을 빻고 있었다. 아버지가 발로 커다란 디딜방아를 쿵쿵 찧으면, 선애가 절구통에 쌀알을 집어넣고 섞어 주는 식이었다.

"우린 이 집 노비도 아닌데 왜 여기서 이러고 있는 거죠?"

"한창 추수를 시작할 때라 바쁘지만 어쩔 수 있겠니. 이 집 논을 부쳐 먹는 병작농 처지니 일손이 필요하면 불려 올 수밖에. 밉보이면 언제 땅을 떼일지 모르니까 어떻게든 잘 보여야지."

"병작농? 그게 뭐죠?"

"남의 땅을 빌려 농사를 짓고 그 대신 수확한 곡식의 반 정도를 땅 주인에게 바치는 농민을 말하는 거야. 그렇게 곡식을 바치고 나면 남는 게 별로 없으니 늘 가난할 수밖에 없지. 봄에는 먹을 양식이 떨어져서 보리가 익기만을 기다리면서 나무뿌리까지 캐 먹어야 해. 혹시 흉년이라

김홍도의 〈논갈이〉
《단원풍속화첩》 중 한 장면이야. 〈논갈이〉는 한 쌍의 소가 쟁기를 끌고 두 명의 농부들이 땅을 고르는 모습을 그린 거야. 소와 농부들의 몸짓에서 힘든 농사일을 느낄 수 있어.
세로 27.8cm, 국립중앙박물관 소장. 보물.

도 들어 봐라, 먹을 쌀도 없는데 주인한테 바쳐야지, 나라에 세금으로 바쳐야지……. 아주 등골이 휜다니까."

선애의 농부 아버지는 쿵, 쿵 디딜방아를 힘주어 밟으며 차근차근 설명해 주었다.

"그럼 자기 땅을 가진 사람들은 잘살았나요?"

"물론 자기 땅에서 농사짓는 자작농은 사정이 좀 낫긴 했지. 하지만 자작농은 별로 많지 않았어. 가난해지고 또 가난해지다 보면 결국은 자기 땅을 날리고 양반의 땅을 빌려 농사를 지을 수밖에 없으니까. 워낙에 농민들이 짊어지고 있는 짐이 많았기 때문이야."

"짐이라면, 아까 말한 세금 같은 거 말씀인가요?"

"그래, 일단 기본적인 토지세만 해도 거둬들이는 곡식의 10분의 1이 넘거든. 실제로는 그 위에 이런저런 명목을 보태니 더욱 많아졌지. 또 16세에서 60세 사이의 남자는 군대에 가야 했거든. 게다가 근처에 길이라도 새로 내고, 나라에서 성이라도 쌓아 봐라. 몸 건강한 남정네들은 죄다 나가서 일해야 해. 이렇게 나라에서 요구할 때 노동력을 바쳐야 할 의무를 '역'이라고 해. 공납은 또 어떻고? 세금보다 공납이 더 무섭지."

"세금보다 더 무서워요……? 공납이 뭔데요?"

"공납은 각 지방에서 나는 특산물을 나라에 바치던 걸 말해. 바닷가 지방에서는 생선을 잡아서 올리고, 산이 많은 지방에서는 약초를 캐서 올리는 식이지. 그런데 생선이며 약초가 늘 넘쳐날 리가 있겠니? 풍족할 때야 큰 문제가 없지만 모자랄 땐 몇 날 며칠 농사

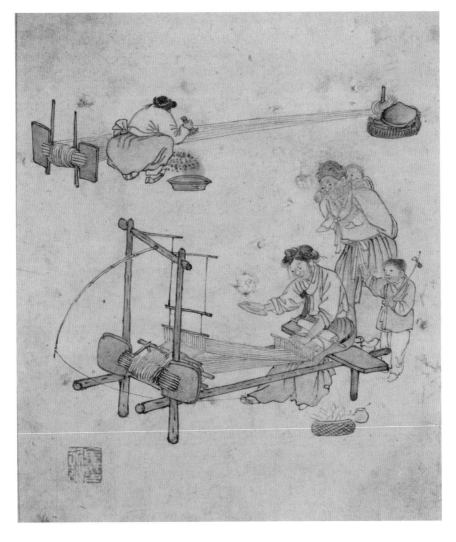

김홍도의 〈길쌈〉
위쪽의 여인은 실이
엉키지 않도록 풀을
먹이고 있고, 아래쪽의
여인은 실을 베틀에 걸어
옷감을 짜고 있어. 이를
아이를 업고선 할머니가
바라보고 있네.
세로 28cm,
국립중앙박물관 소장.
보물.

농민의 한 해

밭갈기

김매기

추수하기

가축 치기

일을 공치고 특산물을 구하러 다녀야 했어. 그래도 못 구하면 장사치에게 사서라도 바치는 수밖에 없으니, 참 못할 노릇이지."

"맙소사! 농민 말고 다른 상민들도 똑같았나요?"

"상인과 수공업자들 말이로구나. 음…… 일단 상인에는, 한양에 상점들이 모여 있는 시전이라는 곳에서 장사를 하는 시전 상인과 돌아다니면서 장사를 하는 보부상이 있지. 수공업자들은 주로 관청에서 필요한 물건들을 만들어 주는 일을 했고. 당연히 이들도 농민과 똑같이 나라에 대한 여러 가지 의무를 졌지. 그뿐 아니라, 은근히 농민보다 낮은 취급을 받기도 했어. 그만큼 곡식을 생산해 내는 농사일을 귀하게 여겼기 때문이야. 왜, 사농공상(士農工商)이라는 말이 있지 않니? 양반-농민-수공업자-상인, 바로 이 순서가 조선 사람들이 귀하게 생각한 직업의 순서였지."

설명을 마친 농부 아버지가 뭔가 생각난 듯 무릎을 탁 쳤다.

"어이쿠, 내 정신 좀 봐라. 논에 새참 나갈 시간인데 깜박하고 있었네? 네가 좀 다녀오겠니?"

"네, 그럴게요."

한참 동안 쪼그려 앉아 있다 일어나려니 선애는 무릎이며 허리가 아파 왔다. 그러고 보니 쉬지 않고 방아를 찧은 농부 아버지의 이마에는 송글송글 땀방울까지 맺혀 있었다.

김홍도의 〈행상〉 장시를 돌며 장사를 하는 상인이야. 보부상이라고도 하지. 보부상은 '보상(褓商)'과 '부상(負商)'을 합친 말이야. 보상은 비교적 작고 값비싼 물건(장신구, 먹 등)을 보자기에 싸서 다녔어. 부상은 부피가 큰 생활용품(나무 그릇, 옹기 등)을 지게에 지고 다녔어. 세로 26.6cm, 국립중앙박물관 소장. 보물.

'열심히 일해 봐야 먹고살기도 어렵다니……. 농민들은 사는 게 참 괴로웠겠다.'

기분이 착 가라앉은 나선애가 광주리를 끼고 무거운 발걸음을 옮기는데 가까운 데서 흥겨운 노랫가락이 들려왔다. 논일을 하는 농부들이 부르는 노래였다. 누군가 "새참이 오네!" 하고 외치자 농부들이 하나둘 논두렁으로 모여들었다.

"일하기도 힘드실 텐데, 무슨 노래를 그렇게들 하세요'?"

"아, 일하기 힘드니까 노래를 하지! 노래를 해야 흥이 나고 흥이 나야 일도 잘되고, 그래야 풍년이 들지. 밭 갈 땐 밭 가는 소리, 모 심을 땐 모 심는 소리, 추수할 땐 벼 베는 소리! 흥이 나는 소리 없이 어떻게 농사를 지을 수가 있나!"

그 말에 농부들은 "아무렴!" 하고 맞장구를 치며 다시 노랫가락을 흥얼거리기 시작했다.

"이상하네요. 제가 생각했던 것보다 훨씬 더…… 즐겁게 일하시는 것 같아요."

김홍도의 〈대장간〉 대장간은 쇠를 달궈서 무기나 농기구 같은 온갖 연장을 만드는 곳이야. 대장간에서 일하는 사람도 수공업자였어. 세로 26.6cm, 국립중앙박물관 소장. 보물.

"으응? 애야, 넌 농민들이 발목에 쇳덩이라도 달고 끙끙거리며 죽지 못해 살았을 거라고 여기는 거냐? 우리 농민들이야말로 이 나라 조선의 버팀목이라 이거야. 하늘의 뜻대로 정직하게 땅을 갈아 양식을 얻고, 또 그 양식으로 온 나라 사람들을 먹여 살리는 게 바로 우리란 말이지. 이봐, 안 그런가?"

그가 묻자 노래를 흥얼거리던 아저씨가 말을 받았다.

김홍도의 〈새참〉
고된 농사일을 멈추고 새참을 먹고 있는 장면을 그린 거야. 새참은 일을 하다 잠깐 쉬면서 먹는 음식을 말해. 세로 28cm. 국립중앙박물관 소장. 보물.

"두말할 필요가 있나? 임금님도 나랏일을 우리 농사철에 맞춰 꾸리시는데 뭘!"

"그게 정말이에요?"

"그럼! 농사일이 한창인 봄부터 가을까지는 나라 운영 일정을 농사에 차질이 생기지 않도록 맞춘단다. 특히 중요한 시기에는 큰 죄를 지은 사형수를 죽이는 일도 미루지! 혹시라도 하늘의 노여움을 사서 가뭄이 들거나 큰비가 내릴까 봐 그러는 거야."

"어머, 그래요? 전 그런 건 몰랐어요!"

순식간에 새참을 먹어 치운 농부들이 자리를 털고 일어섰다. 얼마 쉬지 않았는데도 그들은 다시 힘이 솟는 양, 씩씩하게 논으로 들어섰다.

"어이~ 마저 승부를 내야지. 이따가 씨름 한 판 어때?"

새참을 먹고 일을 시작하려던 아저씨가 옆자리 아저씨에게 말을 건네자 옆자리 아저씨가 말을 받았다.

"괜찮겠어? 전처럼 지고는 허리 아프다고 일 빠지고 그러면 안 돼. 하하!"

생기 넘치는 농부 아저씨들의 모습에 선애는 언제 우울했냐는 듯

기분이 좋아졌다.

광주리를 들고 집으로 돌아오다 저 멀리 친구들이 시원한 바람을 가르며 그네 타는 모습이 보였다.

"빈 광주리 갖다 놓고 가봐야지! 널뛰기는 잘 못해도 그네 타기는 내가 선수지!" 나선애의 발걸음이 총총총 가볍게 빨라졌다.

설움이 많았던 천한 사람들

대문 앞에 이른 나선애는 나무에 새끼줄을 묶어 놓고 줄타기 연습을 하는 장하다와 마주쳤다.

"너 제법 잘 어울린다. 조선 시대에 태어났으면 넌 진짜 사당패였을 거야. 호호."

"그러냐? 흐흐. 사당패라는 사람들 진짜 끝내줘! 이 줄 위에서 춤도 춘대!"

그때 선애의 농부 아버지가 둘을 발견하고는 후다닥 달려왔다.

"얘! 이리 와라! 저런 천한 것과는 어울리면 못쓰는 거야!"

기분이 상한 장하다가 짐짓 인상을 쓰며 대들었다.

"에이, 아저씨! 천하다니요! 그렇게 말씀하시면 섭섭하죠. 아저씬 상민이죠? 제가 아저씨보다 높잖아요."

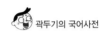 곽두기의 국어사전

사당패
무리를 지어
떠돌아다니면서
노래, 재주를 보여
주고 돈을 벌던
사람들을 말해.

김준근의
〈광대 줄타기〉
머리에 하얀 고깔을
쓴 소년이 부채를
들고 음악에 맞춰
줄타기를 하고 있어.

"인석아, 높긴 뭐가 높아?"

"이거 왜 이러세요. 아까 저도 설명 다 들었다구요. 중인이 상민보다 높다면서요! 그러니까 제가 아저씨보다 높죠!"

그러자 소동을 듣고 나온 용선생이 장하다의 앞을 가로막았다.

"저, 하다야……. 넌 중인이 아니거든."

선애의 농부 아버지가 그것 보라는 표정으로 "큼큼" 헛기침을 하고, 머쓱해진 하다는 용선생에게 따지고 들었다.

"왜 중인이 아녜요! 아까 전문직은 중인이라면서요?"

"전문직도 전문직 나름이라고. 의술이나 통역 일이라면 몰라도, 몸으로 익힌 기예는 조선 시대에 그렇게 떳떳한 일이 아니

김준근의 〈갖바치〉
가죽신을 만드는 사람을
갖바치라고 해. '갖'은 가죽.
'바치'는 장인을 뜻해.

김준근의 〈개백정〉 백정은
주로 가축을 잡는 일을 했어. 백정이
개를 끌고 가는 장면이야.

268

었거든. 사당패도 천민이었어."

"네에?"

"아까 무당, 기생, 악공, 백정, 노비가 모두 천민이라고 했잖아? 사당패나 광대 같은 재인도 똑같았어. 특히 백정은 그중에서도 더 천한 일을 하는 사람들로 여겨져서 일반 백성들하고 함부로 어울릴 수도 없었지. 그래서 따로 모여 살면서 결혼도 자기네끼리만 하곤 했어. 나라에선 이들의 호적을 따로 관리하고 옮겨 다닐 때에는 통행 증명서를 가지고 다니도록 했어. 떠돌아다니면서 말썽을 일으킬지 모른다는 이유였지."

"참 알 수 없네. 뭐가 그리 천한 일이 많아요? 까다롭긴……."

나선애가 맘에 안 드는 듯 입을 삐죽이는데 장하다가 다시 목소리를 높였다.

"그건 그렇다 쳐요! 그림 그리는 화가는 왜 중인이에요? 아까 그 얘길 듣고서 저도 중인인 줄 알았다고요. 음악이나 미술이나 무용이나 다 같은 예체능인데 왜 차별을 했대요?"

"그림은 양반들도 무척 중요하게 여기는 대상이었거

김홍도의 〈무동〉
북과 장구를 치는 사람, 피리 부는 사람, 해금을 켜는 사람들이 보이지? 이렇게 악기를 연주하는 사람들을 악공이라고 해.
세로 26.6cm, 국립중앙박물관 소장. 보물.

〈망나니〉 죄인의 목을 베는 사람을 망나니라고 불렀어. 일을 마친 망나니가 돼지를 받아서 돌아가고 있어.

든, 성리학을 공부하는 학자들도 그림을 그리거나 좋은 그림을 감상하면서 마음을 맑게 가다듬곤 했어. 물론 아무 그림이나 그린 것이 아니라 산이나 나무, 꽃처럼 우아한 그림만 그렸지만 말야."

"조선은 연예인을 몰라봤구만! 나도 두기처럼 양반 시켜 주시지 그랬어요? 쳇!"

 ## 복잡하고 까다로운 '양반의 길'

누나, 형들이 고생하는 동안 곽두기는 마당 넓은 기와집 방 안에 들어앉아 있었다. 안방마님의 말에 따르면, 양반집 도령들은 과거를 보기 위해 여덟 살 정도부터 서당에 다니기 시작하고, 서당 공부를 마치면 한양에 있는 4부 학당이나 지방의 향교, 서원와 같은 중등 교육 기관에서 공부를 한다고 했다. 여기서 실력을 갈고닦아 과거시험의 첫 관문인 소과를 치러 합격하면 생원이나 진사로 불리고, 조선 시대 최고 학교인 성균관에 입학할 수 있는 자격을 얻

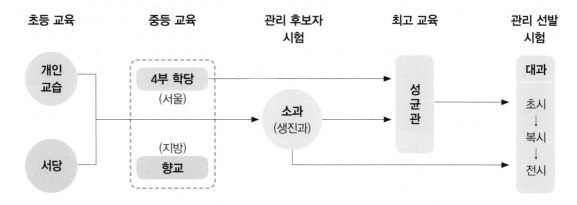

조선 시대 교육 기관

초등 교육	중등 교육	관리 후보자 시험	최고 교육	관리 선발 시험
개인 교습	4부 학당 (서울)	소과 (생진과)	성 균 관	대과 초시 ↓ 복시 ↓ 전시
서당	(지방) 향교			

을 수 있단다. 처음엔 두기도 제법 의젓한 자세로 앉아 책을 보고 있었다. 하지만 곧 좀이 쑤셔서 견딜 수가 없었다. 한쪽 버선을 벗어 들고 발바닥을 북북 긁던 두기는 밖으로 살짝 나가 보기로 했다. 살금살금 문으로 다가가던 두기는 갑자기 문이 열리는 바람에 털썩 주저앉고 말았다.

"어딜 가려는 게냐? 이 어미가 그렇게 당부했는데, 얼마나 되었다고 벌써부터 이렇게 흐트러지는 게냐? 아니, 그 꼴은 또 뭐냐! 버선 한 짝은 왜 벗어던진 게야? 양반 체면에 그러고 어딜 나가?"

풀이 죽은 두기는 슬금슬금 다시 책상으로 다가앉았다.

"애야, 공부하기가 힘이 드는 게냐?"

"네? 아직 공부를 별로 안 해 봐서 모르겠는데요……."

곽두기의 순진한 대답에 안방마님은 "그것 참……." 하고 얕은 한

선비의 방 엿보기

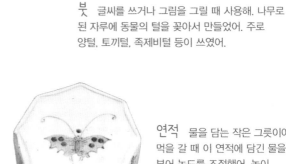

붓 글씨를 쓰거나 그림을 그릴 때 사용해. 나무로 된 자루에 동물의 털을 꽂아서 만들었어. 주로 양털, 토끼털, 족제비털 등이 쓰였어.

경서통 책의 앞 구절을 적은 대나무 조각을 담는 통이야. 선생님이 이 통에서 대나무 조각 하나를 뽑아 앞 구절을 읊으면 제자가 나머지 구절을 읊으며 뜻풀이를 했대.

연적 물을 담는 작은 그릇이야. 먹을 갈 때 이 연적에 담긴 물을 부어 농도를 조절했어. 높이 6.6cm, 호림박물관 소장. 보물.

종이 선비들이 늘 쓰던 종이, 붓, 먹, 벼루를 '문방사우'라고 불렀어. 글을 가까이 하는 사람에게 마치 친구 같은 존재였다는 뜻이야.

먹 나무나 기름을 태워 생긴 그을음에 아교 등 첨가물을 섞어 굳힌 거야. 벼루에 물을 붓고 먹을 갈면 먹물이 나와.

선비의 책상 책을 읽거나 글을 쓸 때 사용하던 낮은 책상이야. 상판이 편평한 형태와 상판 양 끝이 둥글게 말린 형태가 있어.

벼루 먹을 벼루에 갈아 먹물을 만들었어. 벼루는 주로 돌로 만드는데 표면이 매끄럽고 단단하고 적당히 무거워서 먹을 갈 때 흔들리지 않아야 해.

숨을 내쉬었다.

"곧 어엿한 선비가 될 몸이 아직도 어리광이 남아서야 되겠느냐?
네 아버지는 다섯 살에 《천자문》을 다 떼셨다. 열여섯에 처음 과거
에 급제하셨지. 너도 학문에 정진해서 어서 벼슬길에 들 생각을 해
야지."

안방마님의 목소리가 한층 부드러워진 것을 알고 두기는 살며시
고개를 들었다.

"저, 꼭 벼슬을 해야 되는 거예요?"

두기의 말에 안방마님의 눈이 휘둥그레졌다.

"벼슬을 안 하면? 대체 커서 무얼 하려고?"

"저는…… 장난감 만드는 일도 하고 싶고요. 아픈 동물들을 치료해 주는 수의사도 되고 싶고요."

"뭐라고? 네가 뭘 몰라도 너무나 모르는구나! 양반으로 태어나서 굶어 죽으면 굶어 죽었지, 어떻게 천한 백성들이 하는 일을 할 수가 있단 말이냐?"

김득신의
〈노상알현도〉
상민 부부가 길거리에서 만난 양반에게 절하는 장면을 그렸어.
나귀 위에 앉아 있는 양반의 모습과 머리가 땅에 닿도록 절하는 남편을 보면 신분 제도가 얼마나 엄격했는지를 알 수가 있어.

안방마님은 엄청난 소리라도 들었다는 듯, 한 손으로 가슴을 쓸어내리고는 차분히 말을 이었다.

"정 잠시 책에서 눈을 쉬고 싶거든 활쏘기를 하거나 바둑을 두거라. 너의 들뜬 마음을 차분히 가라앉히고 몸가짐을 바로 하는데 도움이 될 게다."

"아까 보니까 누나들은 한쪽 마당에 병을 세워 놓고 화살을 던지던데요, 그 놀이하고 싶어요."

"투호 놀이를 봤구나. 그런 건 누나들이나 하는 거고, 너는 그 시간에 시를 짓거나 서예, 그림을 그리는 게 좋겠구나." 안방마님이 양반 남자에게 어울리는 놀이를 제안했지만 곽두기는 영 탐탁지 않았다.

"양반은 공부를 해서 꼭 벼슬을 해야 하는 거예요?"

"그렇다마다! 양반이라는 말부터가 벼슬을 하는 관리를 가리키는 말에서 비롯되지 않았더냐. 좋은 환경에서 좋은 교육을 받은 양반 집 자제들이 다시 벼슬길에 나아가는 일이 잦아지면서 점점 한 집안 자손들을 전부 포함하는 말이 되고, 결국은 양반이라는 신분으로 굳어진 거란다."

"그런 거였어요? 그럼 과거에 급제해 관리가 되면 뭐가 좋지요?"

"집안의 경사요, 마을의 영광이지! 조상님께도 낯을 세울 수 있고 자손들에게도 훌륭한 공을 남기는 거고!"

"그런 거 말고, 저한테는 뭐가 좋은데요?"

"너한테? 그거야…… 그래야 계속해서 제대로 된 양반으로 대접받고 여러 특권도 누릴 수가 있지. 군대를 안 가도 되고 말이다. 만약 네가 죄를 지어서 곤장을 맞게 생겼을 땐 너 대신 노비를 보내서 맞게 할 수도 있어. 물론 관리가 되면 나라에서 봉급도 받지."

"그럼…… 관리만 되면 공부는 더 안 해도 되는 거죠?"

"응? 그럴 리가 있겠니? 관리가 되면 임금님을 도와 나랏일을 해야 하는데 어떻게 공부를 그만둘 수가 있어? 더 열심히 공부해야지! 그뿐이겠니? 행여 나랏일을 잘못 처리하면 벼슬자리에서 쫓겨나 멀리 귀양살이를 가게 될지도 모르니, 한시라도 긴장을 풀면 안 되는 거란다. 또 항상 백성들에게 모범이 될 수 있도록 집 밖에서나 집 안에서나 예의와 법도를 한 치도 어긋남 없이 잘 따라야 하지. 그게 바로 제대로 된 양반의 길 아니겠느냐!"

안방마님이 줄줄이 읊어 대자 두기의 얼굴이 점점 찌푸려졌다.

"전 벼슬 안 할래요."

"응?"

"안 한다고요! 벼슬, 아니 양반도 안 할래요. 숨 막

백자 병 살짝 벌어져 있는 입, 둥글고 부드러운 곡선, 눈처럼 새하얀 빛깔에서 세련미와 기품이 느껴지는 백자야. 높이 36.2cm, 국립중앙박물관 소장. 보물.

혀서 그렇게는 못 살 것 같아요. 죄송합니다. 그럼, 안녕히 계세요!"

곽두기가 후다닥 방에서 뛰쳐나가 보니, 모두들 마당에 모여 이러쿵저러쿵 말잔치를 벌이고 있었다.

"어이, 도련님! 넌 참 좋았겠다. 화려한 비단 옷도 입고. 우린 얼마나 고생했다고!"

장하다의 말에 곽두기가 세차게 고개를 저었다.

"아냐, 형. 나도 힘들었어. 양반이 보통 어려운 게 아냐."

"그래도 노비만큼 힘들었겠어? 얼른 이 옷부터 갈아입고, 빨리 나가서 맛있는 거 먹을 거야!"

허영심이 진저리를 쳤다. 하지만 왕수재는 생각이 달랐다.

"억울해서 그렇겐 못 하지! 나도 양반 해 볼 거야!"

"뭐? 겨우 다 끝났는데 뭘 다시 해?"

"신분 체험 다시 해! 선생님, 한 번 더 하죠! 너네도 다시 해. 알았지?"

왕수재의 무서운 기세에 용선생도 다른 아

백자 대호 고려에 청자가 있다면 조선에는 백자가 있어. 조선 사대부들은 고고하고 정갈한 백자를 선호했어. 대호는 '큰 항아리'를 말하는데, 이 백자는 마치 둥근 달 모양 같다고 '달 항아리'라고도 불러. 조선 후기 작품이야. 높이 43.8cm, 국립고궁박물관 소장. 국보.

김홍도의 〈모당평생도〉 일부 '평생도'는 사대부의 일생을 그린 그림을 말해. 이 그림은 모당 홍이상의 일생을 그린 거야. 왼쪽 그림은 돌잔치 풍경을 묘사한 〈초도호연〉, 가운데 그림은 과거에 합격한 것을 축하하는 잔치 풍경을 그린 〈응방식〉, 마지막 그림은 관리가 되어 송도로 내려가는 모습을 그린 〈송도유수도임식〉이야.

이들도 이리저리 뿔뿔이 도망치기 시작했다. 재빨리 몸을 피한 나선애는 서로 신분이 다른 아이들이 쫓고 쫓기는 모습을 지켜보며 한숨을 내쉬었다.

'휴, 정말 긴 하루였어.'

그럼 7권에서 계속!

나선애의 정리노트

1. 성리학 가르침이 담긴 가정 행사 '관혼상제'

- 관례: 어른으로 인정받는 의식

- 혼례: 결혼을 함

- 상례: 장례를 치름

- 제례: 제사를 지냄

2. 조선의 신분 제도

- 법적으로는 양인과 천인으로만 분류

- 사회적으로는 양반, 중인, 상민, 천민으로 분류

양반	문반과 무반을 합쳐서 양반이라고 함
중인	중간 신분으로 전문적인 일을 함 아전, 역관, 의원, 화원, 천문관 등
상민	농민, 수공업자, 상인 등
천민	무당, 기생, 악공, 백정, 노비 등

3. 농민의 의무는?

- 토지세: 거둬들이는 곡식의 10분의 1을 냄

- 군역: 16세~60세 사이의 남자는 군대에 가거나 군역을 내야 함

- 부역: 나라에서 요구할 때 노동력을 바쳐야 함

- 공납: 각 지방에서 나는 특산물을 나라에 바쳐야 함

4. 시전 상인과 보부상의 차이는?

- 시전 상인: 상점들이 모여 있는 시전이라는 곳에서 장사를 하는 상인

- 보부상: 지방을 돌아다니면서 장사를 하는 상인

용선생의 역사 카페

역사계의 슈퍼스타,
용선생의 역사 카페에
오신 걸 환영합니다

Log in

게시판 ✔

📄 역사가 제일 쉬웠어용!

📄 이제는 더~ 말할 수 있다!

📄 필독! 용선생의 매력 탐구

📄 전교 1등 나선애의 비밀 노트

과거 시험, 그 험난한 여정

문관이 되려면 관리 시험인 '문과'를 보기 전에 일단 예비 시험을 봐야 했어. 그것이 바로 생원시와 진사시야. 생원시는 경전을 읽고 해석하는 시험이고, 진사시는 시를 짓는 능력을 보는 시험이지. 2단계(초시, 복시)로 이루어진 시험을 통과하면 각각 '생원'과 '진사'라는 일종의 학위가 주어져. 매년 각 100명밖에 뽑지 않아서, 이에 합격하는 것만으로도 가문의 영광이었다고 해.

이렇게 생원, 진사가 된 사람들은 성균관에 입학했어. 성균관은 인재를 기르기 위한 최고 학교로, 지금으로 치면 '사법 연수원'쯤 될 거야. 원칙적으로는, 이 성균관에 입학해서 일정 기간 이상 공부한 사람만이 관리 시험인 문과를 치를 수 있었어. 하지만 이 규정은 시간이 지나면서 무뎌져. 나중에는 성균관 입학 시험에만 합격한 사람, 생원시와 진사시에만 합격한 사람에게도 문과를 치를 자격을 주었어. 그렇지만 성균관 입학 시험도 무지무지 어려웠대!

그런데 문과도 만만치 않은 시험이었어. 시험에 응시하는 사람이 평균 6만 3천 명인데, 1단계인 초시에서 고작 240명을 뽑았거든. 계산해 보면 경쟁률이 262 대 1. 무시무시하지? 게다가 2단계인 복시에서는 고작 33명을 뽑았대. 그러니까 33명이 사실상 과거에 합격한 거지. 그리고 3단계인 전시에서는 이 33명의 순위를 가렸는데, 왕이 지켜보는 가운데 시험을 치렀다지 뭐야. 시험 문제도 엄청 어려운 논술형이었고 말이야. 답안지의 길이만 평균 10미터라고 하니 상상이 가니?

그래서 서당에 모여 공부하는 아이들 사이에서는 '승경도' 놀이가 엄청난 인기를 끌었어. 승경도 놀이는 벼슬자리를 놓고 벌이는 흥미진진한 게임인데, 과거를 치를 필요 없이 주사위만 굴리면 바로 벼슬을 할 수 있었으니 얼마나 좋았겠니? 아이들은 이 놀이를 하면서 생생한 벼슬 체험을 했을 뿐 아니라 벼슬의 종류와 기능을 익힐 수 있었어.

승경도 놀이판

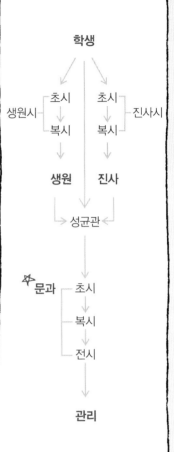

COMMENTS

🐣 장하다 : 근데 선생님, 저건 문과에 대한 내용이잖아요. 무인들은 과거를 안 치렀나요?

↳ 🍰 용선생 : 무과는 예비 시험 없이 바로 응시할 수 있었는데, 문과와 마찬가지로 3단계를 거쳐야 했어. 시험 과목은 무예와 경전 등이었어. 28명을 뽑았는데, 실제로는 그보다 더 많이 뽑았다고 해.

한국사 퀴즈 달인을 찾아라!

달인을 찾아라!

달인 트로피

출발!

01 ★★★☆☆

조선 시대 사람들의 사회적 신분은 양반, 중인, 상민, 천민으로 나눌 수 있다고 했지. 그렇다면 어떤 직업이 어디에 들어가야 할까?

양반	중인	상민	천민

관리 / 농민 / 상인 / 기생 / 노비

/ 수공업자 / 광대 / 화가 / 백정

02 ★★★☆☆

아이들이 조선 시대 노비에 대해 이야기를 나누고 있는데, 딴소리를 하는 아이가 있네. 누구일까? (   )

 ① 노비는 재산이나 마찬가지였어.

 ② 먹고살기 힘들어서 자기 자신이나 가족을 노비로 파는 사람도 있었어.

 ③ 만약 여자 노비와 남자 노비 사이에서 아이가 생기면 그 아이는 남자 노비 쪽에 속했다고 해.

 ④ 노비는 천인이었어. 관직에 오를 수 없었지.

 ⑤ 원래 노비가 아니었는데 나라에 죄를 지어서 노비가 되는 경우도 있었다고 하네.

03 ★★★☆☆

이 사람의 직업과 신분은 무엇일까?(   )

① 의관–중인
② 의관–상민
③ 수공업자–중인
④ 수공업자–상민

05 ★★★★★

왕수재가 역사 보고서를 쓰고 있어. (가)에 들어갈 내용으로 옳지 않은 것은 무엇일까?
(   )

농민들은 많은 의무를 짊어져야 했다. 대표적으로 _____(가)_____

① 각 지방에서 나는 특산물을 나라에 바쳤다.
② 거둬들인 곡식의 10분의 1 이상을 토지세로 냈다.
③ 16세에서 60세 사이의 남자는 군대에 가야 했다.
④ 길을 내거나, 성을 쌓을 때 노동력을 바치는 공납이 있다.

04 ★★★★☆

아래의 그림들을 '사농공상'의 순서대로 배치해 보자. (   )

(a)   (b)   (c)   (d)

① (a)—(b)—(c)—(d)
② (a)—(c)—(b)—(d)
③ (a)—(d)—(c)—(b)
④ (b)—(c)—(d)—(a)
⑤ (c)—(a)—(d)—(b)

• 정답은 291쪽에서 확인하세요!

교과서에 나오는 **한국사-세계사 연표**

한국사

1392년	조선이 세워지다	
1394년	한양으로 도읍을 옮기다	
1398년	1차 왕자의 난이 일어나다	
1400년	태종이 즉위하다	태조 이성계 어진
1414년	육조 직계제를 실시하다	
1416년	최윤덕이 북방에 4군을 설치하다	호패
1418년	세종이 즉위하다	
1419년	이종무가 쓰시마섬을 정벌하다	
1420년	집현전을 설치하다	
1434년	김종서가 북방에 6진을 설치하다	측우기
1441년	측우기를 완성하다	
1446년	훈민정음을 반포하다	《훈민정음 언해본》
1453년	수양 대군이 계유정난을 일으키다	
1456년	사육신 사건이 일어나자 세조가 집현전을 폐지하다	
1466년	세조가 직전법을 실시하다	
1485년	성종이 《경국대전》을 시행하다	
1498년	무오사화가 일어나다	
1504년	갑자사화가 일어나다	《경국대전》
1506년	연산군이 폐위되고 중종이 즉위하다	금표비
1510년	삼포에서 왜인들이 난을 일으키다	
1519년	기묘사화가 일어나다	
1543년	백운동 서원(소수 서원)이 세워지다	소수 서원
1545년	을사사화가 일어나다	
1555년	왜구가 전라남도 강진, 진도 일대에 침입해 약탈을 하다(을묘왜변)	
1560년	이황이 도산 서당을 짓다	
1568년	이황이 선조에게 《성학십도》를 지어 올리다	
1583년	이이가 허술한 국방을 바로잡자고 주장하다	
1592년	임진왜란이 일어나다	
1593년	권율이 행주산성에서 승리를 거두다	《성학십도》
1600년	일본으로 끌려갔던 문신 강항이 조선으로 돌아오다	

1400년

1500년

1600년

세계사

1400년

1397년	스웨덴이 덴마크 왕의 통치를 받다
1398년	티무르 제국의 황제 티무르가 인도 델리를 점령하다
1405년	명나라 환관 정화가 세계 최초로 대원정을 떠나 아프리카까지 진출하다
1414년	콘스탄츠 종교 회의에서 종교 개혁을 주장하는 사람들을 이단으로 몰아 화형시키다
1421년	명나라가 수도를 베이징으로 옮기다
1429년	프랑스 소녀 잔다르크가 오를레앙에서 영국군을 격파하다
1450년	독일에서 구텐베르크가 활판 인쇄술을 발명하다
1453년	지금의 터키 지방에 자리잡고 있던 비잔티움 제국(동로마 제국)이 멸망하다
1455년	잉글랜드에서 왕권을 놓고 랭커스터 가와 요크 가가 전쟁을 벌이다(장미 전쟁)
1467년	일본의 전국 시대가 시작되다
1479년경	이사벨 1세와 페르난도 2세가 공동으로 에스파냐 왕국을 다스리기 시작하다
1492년	콜럼버스가 아메리카 대륙에 도착하다
1498년	포르투갈 사람인 바스쿠 다 가마가 인도로 가는 항로를 발견하다
1517년	마틴 루터가 교황청의 면죄부 판매를 비판하는 글을 발표하다
1519년	포르투갈 사람인 마젤란이 세계 일주를 시작하다
1520년	오스만 튀르크 제국을 전성기로 이끈 술레이만 1세가 즉위하다
1524년	독일에서 농민들이 영주들의 착취에 맞서 전쟁을 일으키다
1526년	바부르가 인도에 이슬람 왕조인 무굴 제국을 세우다
1531년	에스파냐 장군 피사로가 잉카 제국을 침략하기 시작하다
1536년	칼뱅이 종교 개혁을 주장하는 《그리스도교 강요》를 쓰다
1543년	포르투갈 상인들이 일본에 도착하다
1555년	루터파 교회가 승인되다(아우크스부르크 화의)
1557년	포르투갈 상인들이 처음으로 중국 마카오에 이주하다
1562년	프랑스에서 가톨릭교도들이 개신교도들을 기습 공격하다(위그노 전쟁)
1572년	잉카 제국의 마지막 황제가 에스파냐군에게 처형당하다
1588년	영국이 에스파냐의 무적 함대를 격파하다
1590년	도요토미 히데요시가 일본을 통일하다
1598년	프랑스 앙리 4세가 개신교 신앙을 허용하다(낭트 칙령)
1600년	영국이 동양과의 무역을 위해 동인도 회사를 설립하다

1500년

1600년

독일의 종교 개혁가
마틴 루터

동인도 회사

찾아보기

참고문헌

도록

《국립민속박물관》, 국립민속박물관, 1997

《국립부여박물관》, 국립부여박물관, 1997

《국립중앙박물관》, 국립중앙박물관, 2000

《국립중앙박물관 100선》, 국립중앙박물관, 2006

《규장각 명품 도록》, 서울대규장각, 2000

《도성대지도》, 서울역사박물관, 2004

《북한의 문화재와 문화 유적》, 서울대학교출판부, 2002

《사랑방문화》, 서울역사박물관, 2005

《서울역사박물관》, 서울역사박물관, 2002

《서울의 도요지와 도자기》, 서울역사박물관, 2006

《오구라 컬렉션 한국문화재》, 국립문화재연구소, 2005

《우리네 사람들의 멋과 풍류》, 서울역사박물관, 2006

《조선 목가구 대전》, 호암미술관, 2002

《조선 시대 문방제구》, 국립중앙박물관, 1992

《조선 시대 풍속화》, 국립중앙박물관, 2002

《조선유적유물도감》, 조선유적유물도감편찬위원회,
1988~1996

《조선의 과학문화재》, 서울역사박물관, 2004

《조선의 도자기》, 서울역사박물관, 2009

교과서

초등학교 5학년 2학기 《사회》, 2015

초등학교 5학년 2학기 《사회》, 2019

초등학교 6학년 1학기 《사회》, 2016

초등학교 《사회과부도》, 2019

주진오 외, 《중학교 역사(상)》, 천재교육, 2011

조한욱 외, 《중학교 역사①》, ㈜비상교육, 2013

한철호 외, 《중학교 역사①》, ㈜좋은책 신사고, 2013

주진오 외, 《고등학교 한국사》, 천재교육, 2011

한철호 외, 《고등학교 한국사》, 미래엔컬처그룹, 2011

책

강명관, 《조선 풍속사 1》, 푸른역사, 2010

강명관, 《조선 풍속사 2》, 푸른역사, 2010

강명관, 《조선 풍속사 3》, 푸른역사, 2010

강명관, 《책벌레들 조선을 만들다》, 푸른역사, 2007

고지마 쓰요시, 《사대부의 시대》, 동아시아, 2004

권내현 외, 《미래를 여는 한국의 역사 3》, 웅진지식하우스,
2011

규장각 한국학연구원, 《조선 국왕의 일생》, 글항아리, 2009

규장각 한국학연구원, 《조선 양반의 일생》, 글항아리, 2009

규장각 한국학연구원, 《조선 전문가의 일생》, 글항아리, 2010

김돈, 《뿌리 깊은 한국사 샘이 깊은 이야기 4 조선 전기편》,
솔, 2014

김문식, 《왕세자의 입학식》, 문학동네, 2010

김영수, 《건국의 정치》, 이학사, 2006

김탁환, 《나, 황진이》, 푸른역사, 2002

김태완, 《경연, 왕의 공부》, 역사비평사, 2011

김호, 《조선과학인물열전》, 휴머니스트, 2003

류희경, 《우리 옷 이천 년》, 미술문화, 2008

문중양, 《우리역사 과학기행》, 동아시아, 2006

박창범, 《하늘에 새긴 우리역사》, 김영사, 2002

송기호, 《동아시아의 역사분쟁》, 솔, 2007

송찬섭 외, 《한국사의 이해》, 한국방송통신대학교출판부, 2011

신동준, 《조선의 왕과 신하, 부국강병을 논하다》, 살림, 2007

신명호, 《조선 왕실의 의례와 생활, 궁중 문화》, 돌베개, 2002

신병주, 《규장각에서 찾은 조선의 명품들》, 책과함께, 2007

신병주, 《조선을 움직인 사건들》, 새문사, 2009

신병주, 《조선 최고의 명저들》, 휴머니스트, 2006

아틀라스 한국사 편찬위원회, 《아틀라스 한국사》,
사계절출판사, 2004

안휘준 외, 《한국의 미술가》, 사회평론, 2006

안휘준, 《미술사의 정립과 확산 1: 한국 및 동양의 회화》, 사회평론, 2006

안휘준, 《미술사의 정립과 확산 2: 한국 및 동양의 미술》, 사회평론, 2006

안휘준, 《안견과 몽유도원도》, 사회평론, 2009

안휘준, 《청출어람의 한국미술》, 사회평론, 2010

역사비평 편집위원회, 《논쟁으로 읽는 한국사 1》, 역사비평사, 2009

역사비평 편집위원회, 《역사용어 바로쓰기》, 역사비평사, 2006

역사신문편찬위원회, 《역사신문 3》, 사계절출판사, 1996

염정섭, 《아 그렇구나 우리 역사 09 조선 1》, 여유당출판사, 2006

오주석, 《옛 그림 읽기의 즐거움》, 솔, 2005

오항녕, 《조선의 힘》, 역사비평사, 2010

이병휴, 《조선전기 사림파의 현실인식과 대응》, 일조각, 1999

이수광, 《나는 야위어도 천하는 살찌리라》, 일송북, 2006

이용재, 《아빠, 한양이 서울이야?》, 토토북, 2008

이정원, 《전을 범하다》, 웅진지식하우스, 2010

이태진, 《조선 시대 정치사의 재조명》, 태학사, 2003

이한, 《조선기담》, 청아출판사, 2007

이현군, 《옛 지도를 들고 서울을 걷다》, 청어람미디어, 2009

임기환 외, 《현장 검증 우리 역사》, 서해문집, 2010

임영미, 《한국의 복식문화 1》, 경춘사, 1996

임용한, 《난세에 길을 찾다》, 시공사, 2009

임용한, 《조선 국왕 이야기 1》, 혜안, 1998

임용한, 《조선 국왕 이야기 2》, 혜안, 1999

전국역사교사모임 외, 《마주 보는 한일사 2》, 사계절출판사, 2006

전국역사교사모임, 《살아있는 한국사 교과서 1》, 휴머니스트, 2012

전상운, 《한국 과학사》, 사이언스북스, 2000

정진영, 《조선 시대 향촌 사회사》, 한길사, 1998

지상헌, 《한국인의 마음》, 사회평론, 2011

진정환 외, 《석조미술》, 국립중앙박물관, 2006

최응천 외, 《금속공예》, 국립중앙박물관, 2007

최형철, 《박물관 속의 한국사》, 휴머니스트, 2007

피터 K. 볼, 《역사 속의 성리학》, 예문서원, 2010

한국고문서학회, 《조선 시대 생활사 1》, 역사비평사, 1996

한국고문서학회, 《조선 시대 생활사 2》, 역사비평사, 2001

한국고문서학회, 《조선 시대 생활사 3》, 역사비평사, 2006

한국사연구회, 《새로운 한국사 길잡이 上》, 지식산업사, 2008

한국사특강편찬위원회, 《한국사특강》, 서울대학교출판부, 2008

한국생활사박물관 편찬위원회, 《한국생활사박물관 09 조선생활관 1》, 사계절출판사, 2003

한국생활사박물관 편찬위원회, 《한국생활사박물관 10 조선생활관 2》, 사계절출판사, 2004

한국역사연구회, 《조선 시대 사람들은 어떻게 살았을까 1》, 청년사, 2005

한국역사연구회, 《조선 시대 사람들은 어떻게 살았을까 2》, 청년사, 2005

한국역사연구회, 《조선은 지방을 어떻게 지배했는가》, 아카넷, 2003

한국의상협회 편집부, 《500년 조선왕조 복식》, 미술문화, 2003

한영우, 《다시 찾는 우리역사 2》, 경세원, 2008

한영우, 《정도전》, 지식산업사, 1999

한일관계사연구논집 편찬위원회, 《왜구 위사 문제와 한일관계》, 경인문화사, 2005

허균, 《사료와 함께 새로 보는 경복궁》, 한림미디어, 2005

홍순민, 《우리 궁궐 이야기》, 청년사, 1999

사진 제공

14 정도전(봉화정씨 대종회), 도담 삼봉(이미지클릭), 《삼봉집》(북앤포토) / 19 최영 장군 묘(북앤포토) / 24 이성계의 발원 사리장엄구(국립중앙박물관) / 25 정몽주(국립중앙박물관) / 26 오목대(타임스페이스) / 27 선죽교(이미지클릭) / 31 거제도 앞바다(유로크레온) / 32 태조 이성계 어진(시몽포토) / 33 진충귀 개국 원종 공신녹권(국립춘천박물관) / 37 정몽주의 과거 시험 답안지(국민일보), 숭양 서원(평화문제연구소) / 40 전주 한옥 마을 전경(김웅 https://www.instagram.com/k.flatout/), 한옥 마을 한복(한국관광공사_김지호) / 41 경기전 내 대나무 숲(PIXTA), 전주 경기전 정전(국가유산청) / 42 부채 문화관 내부(전주부채문화관), 전동 성당(조천준_쏠쏠한 일상(네이버블로그)) / 43 풍남문(국가유산청), 전주비빔밥(한국관광공사_김지호) / 49 서울 한양 도성(이미지클릭) / 50 《도성도》(서울대학교 규장각한국학연구원) / 52 정선의 〈백천교도〉(국립중앙박물관) / 56 〈수선전도〉(고려대학교박물관), 흥인지문·돈의문(시몽포토) / 57 숭례문·숙정문(북앤포토) / 59 사직단(연합뉴스) / 60 종묘(북앤포토) / 61 종묘 제례(토픽포토), 종묘 제례악(Gettyimages/이매진스) / 62 운종가 시전(민속원) / 66 근정전(서헌강) / 67 사정전 내부(서헌강) / 68 〈북궐도형〉(국립민속박물관) / 69 광화문·흥례문·영제교·강녕전·교태전의 후원·경회루(서헌강) / 70 근정전 앞마당(서헌강) / 71 지붕의 잡상들(서헌강) / 72 품계석(서헌강) / 85 청계천 광통교(북앤포토) / 91 〈일월오봉도〉(국립고궁박물관) / 95 호패(국립민속박물관, 국립중앙박물관) / 96 숭례문 현판(시몽포토) / 98 관악산 연주대(토픽포토) / 99 황희(북앤포토) / 103 《조선왕조실록》(서울대학교 규장각한국학연구원) / 110 세종(세종대왕기념사업회) / 111 만 원권 지폐(시몽포토) / 113 《성균관 친림 강론도》(고려대학교박물관) / 115 경복궁 수정전(북앤포토) / 117 앙부일구·자격루(시몽포토), 휴대용 앙부일구(국립중앙박물관) / 118 혼천의(국립고궁박물관), 간의(북앤포토) / 119 《칠정산》(서울대학교 규장각한국학연구원), 측우기·수표(시몽포토) / 120 규표(시몽포토), 풍기대·일성정시의(북앤포토) / 123 《농사직설》(서울대학교 규장각한국학연구원), 《향약집성방》(시몽포토) / 124 갑인자(국립중앙박물관) / 125 《훈민정음 해례본》(간송미술관), 〈훈민정음 언해본〉(시몽포토) / 126 《용비어천가》(연합뉴스) / 128 선조의 한글 편지(북앤포토) / 131 〈혼일강리역대국도지도〉(서울대학교 규장각한국학연구원) / 133 〈야연사준도〉(고려대학교박물관) / 136 〈동래부산포도〉(서울대학교 규장각한국학연구원) / 147 청령포(영월군청) / 148 단종(김호석) /

152 박팽년(윤여환) / 154 김시습(연합뉴스) / 155 단종 어소(두피디아) / 157 《월중도》의 〈청령포도〉(한국학중앙연구원) / 161 《은대계첩》(국립중앙박물관) / 164 정선의 《압구정도》(베네딕토수도원) / 168 《경국대전》(서울대학교 규장각한국학연구원) / 169 선릉(국가유산청 궁능유적본부) / 176 영월에서 만난 한반도 지형(PIXTA) / 177 청령포·영월 장릉(PIXTA) / 178 별마로 천문대(영월군청), 패러글라이딩(Depositphotos) / 179 고씨굴 내부·고씨굴 장남굴새우·고씨굴 박쥐·밀전병(유토이미지) / 180 경주 양동마을(윤익이미지) / 183 연산군 묘(북앤포토) / 189 금표비(북앤포토) / 194 조광조 선생 적려유허비(북앤포토) / 198 《태인 고현동 향약》(국립전주박물관) / 199 소수 서원(영주시청) / 212 도산 서원(안동시청) / 214~215 서광명실·도산 서원 현판·농운정사·전교당·상덕사·동재·도산 서당(서헌강) / 216 이황(안동전통문화콘텐츠박물관) / 218 《성학십도》(국립중앙박물관), 《주자서절요》(도산 서원) / 221 이이(강릉시오죽헌시립박물관), 신사임당(토픽포토) / 222 신사임당의 〈초충도〉 일부(강릉시오죽헌시립박물관) / 226 《격몽요결》(강릉시오죽헌시립박물관), 《성학집요》(국립중앙박물관) / 227 서경덕의 글씨(국립중앙박물관) / 232 헛제삿밥(토픽포토) / 238 붉은 꽃을 피운 배롱나무(PIXTA), 병산 서원 만대루(게티이미지뱅크) / 239 하회 마을 전경(김보민_경북나드리), 하회 별신굿 탈놀이(PIXTA), 하회 마을을 감싸 안은 낙동강 줄기(코리아넷/한국문화정보원) / 240 봉정사 극락전·만휴정(국가유산청) / 241 월영교(김화분_한국관광공사), 안동 찜닭(PIXTA) / 248 《삼강행실도》(국가유산청) / 253 유숙의 〈범사도〉(국립중앙박물관) / 254 유숙의 〈수계도〉(시몽포토) / 256 〈경직도〉(국립중앙박물관) / 257 〈자매문기〉(국립중앙박물관) / 260 김홍도의 〈논갈이〉(국립중앙박물관) / 261 김홍도의 〈길쌈〉(국립중앙박물관) / 264 김홍도의 〈행상〉·〈대장간〉(국립중앙박물관) / 265 김홍도의 〈새참〉(국립중앙박물관) / 268 김준근의 〈광대 줄타기〉(국립중앙박물관), 〈갓바치〉·〈개백정〉(한국기독교박물관) / 269 김홍도의 〈무동〉(국립중앙박물관), 〈망나니〉(온양민속박물관) / 272 선비의 책상·연적(호림박물관), 경서통(국립중앙박물관), 종이·붓·벼루·먹(국립민속박물관) / 274 김득신의 〈노상알현도〉(시몽포토) / 276 백자 병(국립중앙박물관) / 277 백자 대호(국립고궁박물관) / 278 김홍도의 〈모당평생도〉 일부(국립중앙박물관) / 281 승경도 놀이판(대구대학교중앙박물관)

정답

1교시

01 정도전 – 이성계
우왕 – 최영

02 ①

03 ⑤

04 최영 / 단심가

05 ③

2교시

01 경복⑨ / 종⑩ / 흥⑪지문
/ 사직⑪ / 숭⑩문

02 ① 육조 거리 – ⓒ ② 청계천 – ⓓ
③ 피맛길 – ⓐ ④ 운종가 – ⓑ

03 ②

04 ⑤

3교시

01 태조 정종 태종 세종

02 ④

03 ②

04 ③

05 ④

4교시

01 ②

02 ①

03 ⑤

04 ③

05
혼천의 – ③ / 자격루 – ④
앙부일구 – ② / 측우기 – ①

5교시

01 ㉒조 / ㉑종

02 ⑥

03 ① 세조 ② 단종

04 ③

05 ④

6교시

01 ⑤

02 ①

03 ④

04 ① 사림 ② 공신 ③ 훈구

7교시

01 이황, 이이, 서경덕, 조식

02 장하다

03 ① 이이 ② 이황

04 ②

8교시

01

양반	중인	상민	천민
관리	화가	농민, 상인 수공업자	기생, 노비 광대, 백정

02 ③

03 ①

04 ⑤

05 ④

용선생이 시끌벅적 한국사 ⑥ 새 나라 조선이 세워지다

저자 현장 강의 전면 개정판(양장판) 1쇄 발행 2023년 5월 2일
저자 현장 강의 전면 개정판(양장판) 2쇄 발행 2024년 10월 25일

글 금현진, 정윤희 | 그림 이우일
정보글 나종현 | 지도 박소영, 조고은 | 기획 세계로
검토 및 추천 전국초등사회교과모임
자문 및 감수 신병주
어린이사업본부 이승필
편집 송용운, 김형겸, 오영인
마케팅 윤영채, 정하연, 안은지
경영지원본부 나연희, 주광근, 오민정, 정민희, 김수아, 김승현
디자인 가필드
조판 디자인 구진희, 최한나
사진 북앤포토, 포토마토

펴낸이 윤철호
펴낸곳 (주)사회평론
전화 02-326-1182
팩스 02-326-1626
주소 03993 서울시 마포구 월드컵북로6길 56 사평빌딩
용선생 클래스 yongclass.com
용선생 카페 cafe.naver.com/yongyong
출판등록 1993년 10월 6일 제 10-876호

ⓒ 사회평론, 2016

ISBN 979-11-6273-271-7 63900

종이에 손을 베지 않도록 주의하세요.
책 모서리에 다칠 수 있으니 책을 던지지 마세요.

이 책을 읽고 추천해 주신 선생님들

강관섭 안산디자인문화고등학교　　강성기 월랑초등학교　　강수미 서울홍일초등학교　　강진영 백록초등학교

고정숙 애월초등학교 더럭분교장　　고혜숙 신영초등학교　　고환수 한려초등학교　　곽병현 표선초등학교

국현숙 영서초등학교　　권순구 용황초등학교　　권영성 매곡초등학교　　권용수 복주초등학교

김경아 아화초등학교　　김경태 죽전초등학교　　김대운 신광중학교　　김도한 화성금곡초등학교

김량현 아양초등학교　　김미송 성산초등학교　　김미은 월포초등학교　　김봉수 기산초등학교

김상옥 인계초등학교　　김선영 화명초등학교　　김선화 연수초등학교　　김설화 제일고등학교

김영주 수완중학교　　김영희 용황초등학교　　김옥진 양천초등학교　　김용현 남원산내초등학교

김우현 한산초등학교　　김은희 광주동산초등학교　　김재훈 동량초등학교　　김정현 서울수송초등학교

김종관 광주동산초등학교　　김종훈 우만초등학교　　김주섭 용남초등학교　　김진호 경일관광경영고등학교

김현수 이리부송초등학교　　김현애 영림초등학교　　남궁윤 평창초등학교　　박상명 백산초등학교

박상철 광주동산초등학교　　박성현 상일초등학교　　박순정 서울남사초등학교　　박옥주 충주삼원초등학교

박정용 반곡초등학교　　박종영 광주봉주초등학교　　배영진 무주적상초등학교　　배옥영 서울전심초등학교

백승춘 남신초등학교　　서단 가포초등학교　　서윤영 황곡초등학교　　성주연 대구불로초등학교

손유라 교동초등학교　　손흥호 대구비봉초등학교　　송준언 서울봉은초등학교　　신대광 원일중학교

신민경 함덕초등학교 선인분교　　신은희 서울개웅초등학교　　양은희 서울문교초등학교　　양창훈 가락초등학교

양해준 호반초등학교　　양혜경 복주초등학교　　양혜경 서울탑동초등학교　　위재호 서울수송초등학교

윤경숙 새금초등학교　　윤일영 서울수송초등학교　　이건진 서광초등학교　　이기남 본촌초등학교

이수미 운동초등학교　　이연민 황곡초등학교　　이유리 황곡초등학교　　이정욱 대구남산초등학교

이종호 순천도사초등학교　　이준혁 안계초등학교　　이지영 서울우이초등학교　　이충호 가락초등학교장

이혜성 금부초등학교　　이훈재 서울봉은초등학교　　전영옥 군자중학교　　정민영 대운초등학교

정의진 여수여자중학교　　조성래 진안초등학교　　조성실 치악초등학교　　조윤정 서울수송초등학교

진성범 용수초등학교　　진유미 원봉초등학교　　진현 황곡초등학교　　최보람 연수초등학교

최수형 운산초등학교　　최재혁 남수원초등학교　　하은경 대반초등학교　　하혜정 춘천농공고등학교

허승권 비봉고등학교　　홍경남 서울수송초등학교　　홍지혜 자여초등학교　　홍효정 대구동부초등학교

황승길 안성초등학교　　황은주 검바위초등학교　　황철형 백동초등학교